介護事業者・関係者必携

速報
〔2021年度施行〕

# 改正介護保険

## 早わかり

田中 元

自由国民社

JN023246

●本書は、2020年6月5日可決成立し、6月12日公布された「地域共生社会の実現のための社会福祉法等の一部を改正する法律」のほか、2020年3月10日の「全国介護保険・高齢者保健福祉担当課長会議」、2019年12月27日及び2020年2月21日の「社会保障審議会介護保険部会」、2020年6月1日の「社会保障審議会介護給付費分科会」、2019年12月26日の「地域共生社会に向けた包括的支援と多様な参加・協働の推進に関する検討会（最終とりまとめ）」などの資料の情報を元に執筆しています。

●本書は特に断りのない限り、改正法律公布後（未施行を含む）の各法条文で記載しています。

●改正法律は公布されましたが、各改正項目の具体的な詳細については、今後の検討により施行日までに政令や省令改正等により決定されるものも少なくありません。随時、厚労省HPなどで最新情報をご確認ください。

●2021（令和3）年度介護報酬改定案については、現在のところ2021年1月頃の諮問・答申を経て決定される予定となっています。

# はじめに

　第201回通常国会（2020年）は、新型コロナウイルスの感染拡大にともなう対応に振り回されたといっていいでしょう。

　しかしながら、日本および世界を揺るがす混乱の中、実はわが国の社会保障に大きな影響を与える法律がいくつか成立しています。

　たとえば、年金制度の機能強化を目的とした「国民年金法等の一部を改正する法律」、高齢者の就業機会の確保などを目的とした「雇用保険法等の一部を改正する法律」などが見られます。

　そして、6月5日に成立し、6月12日に公布されたのが、「地域共生社会の実現のための社会福祉法等の一部を改正する法律」です。「社会福祉法等」となってはいますが、介護保険法や老人福祉法など10本以上の法律にまたがる一括法となっています。

## 財務省などが建議した改革の多くは見送り。だが……

　ご存じのとおり、介護保険法は2014年以降、3年に一度の事業計画期に合わせて改正が行われています。今回も、2017年の改正から3年後にあたる節目として制度の見直しが行われたわけです。

　ただし、介護保険制度の見直しを議論していた社会保障審議会・介護保険部会の取りまとめ（2019年12月）では、財務省などが建議していた改革案の大半が「見送り」となりました。

　たとえば、ケアマネジャーのケアプラン作成に利用者負担を求める（現在は無料）という案も出ていましたが、改正法には反映されませんでした。先の介護保険部会で、「制度利用を躊躇させ、重度化などを進める恐れがある」といった意見が出されたことによるものです。

そのため、介護現場や保険者（市町村）の立場からすると、「何が変わるのか」が見えにくいというのが、今回の改正法の特徴です。

## 介護保険を大きく変える「土台」という位置づけ

しかし、今改革の中心となる社会福祉法の改正などをじっくり見直すと、やや長い目で見たときに、今回の法改正を土台として介護保険制度が大きく変わっていくという兆しを伺うことができます。

いい換えれば、2021年度あるいは2024年度の介護報酬・基準改定などにさまざまな影響を与える可能性があるわけです。

その時に慌てて現場の体制などを見直しても、なかなか追いつかないということになりかねません。そこで、今回の法改正全般について、介護保険の立場から精査することを中心テーマとしつつ、本書を執筆することにしました。介護現場の方々、あるいは保険者としての実務に携わっている方々に少しでもお役に立てればと考える次第です。

ちなみに、介護保険制度については、2019年にも法改正が行われています。また、新型コロナの影響で、新たな予算措置なども数多くほどこされることになりました。そうした直近の状況についても、できるだけ反映させたつもりです。

介護保険のスタートから20年、大きな曲がり角に立つ制度について、本書を通じてしっかり見据える機会となれば幸いです。

2020年6月21日

介護福祉ジャーナリスト　田中　元

# contents

はじめに ........................................................................................ 3

今回の社会福祉法等の改正が介護保険事業等にもたらす影響 ................ 8

地域共生社会の実現のための社会福祉法等の一部を改正する法律案の概要 ...... 9

改正法、関連事項の施行時期一覧 ................................................ 10

## Part 1
# 地域福祉に関する包括的な支援体制の整備

**1** 地域共生社会に向けて地域住民の責務を規定 ........................ 12

**2** 地域共生社会に向けた国と自治体の責務 ............................ 16

**3** 包括的支援体制のための新しい事業の枠組み ........................ 19

**4** 今回の社会福祉法改正の介護保険への反映 ........................ 22

## Part 2
# 重層的支援体制の中身と介護保険制度との関係

**1** 複数の法律にまたがる支援事業を一体的に実施 ........................ 24

**2** 生活課題を抱える人の社会参加を支援する ............................ 28

**3** 地域住民の参加・交流の機会を確保する資源整備 ................ 30

**4** 対応困難ケース等での計画的な「伴走型支援」 ........................ 32

## Part 3
# 重層的支援体制の実際の「流れ」について

**1** 重層的支援体制整備事業に際しての計画策定 ........................ 34

**2** 地域福祉計画にも包括的支援体制を明記 ............................ 37

**3** 重層的支援体制に向け開催できる会議を規定 ........................ 40

**4** 重層的支援体制のための新たな交付金を設置 ........................ 43

## Part 4

# 地域福祉を担う社会福祉連携推進法人

**1** 社会福祉連携推進法人が創設された背景 ………………… 46

**2** 社会福祉連携推進法人の具体的な業務 ………………… 49

**3** 社会福祉連携推進法人の認定を受けるための条件 ……… 52

**4** 社会福祉連携推進法人の果たすべき義務 ……………… 55

## Part 5

# 認知症施策の総合的な推進

**1** 今改正の土台となる認知症施策推進大綱 ………………… 58

**2** 認知症の予防・診断・介護方法等の調査研究 …………… 61

**3** 認知症の本人への支援をさらに明確に ………………… 64

**4** 認知症の人の尊厳保持と地域での共生を目指す ………… 67

**5** 介護保険事業計画でも認知症施策の事項を拡充 ………… 70

## Part 6

# 介護従事者の確保・育成や現場業務の改革

**1** 深刻化する従事者不足に国が打ち出してきた施策 ……… 72

**2** 介護保険事業計画に人材確保などを追加 ……………… 75

**3** 老人福祉計画でも人材の確保などを追加 ……………… 78

**4** 介護福祉士資格の取得方法で経過措置を延長 …………… 80

## Part 7

# 有料老人ホームなど高齢者の「住まい」関連

**1** 有料老人ホームの届出などを簡素化 …………………… 84

**2** 有料老人ホームについて自治体間の連携を強化 ………… 86

**3** 介護保険事業計画に高齢者住まいの定員も ……………… 89

**4** 有料老人ホームの質を向上させる取り組み ……………… 92

## Part 8
# 保健・予防の一体化や介護保険DBの活用

**1** 地域支援事業と高齢者保健事業の一体的実施 ⋯⋯⋯⋯⋯⋯ 94

**2** 高齢者の健診・介護情報を3事業で共有可能に ⋯⋯⋯⋯⋯ 98

**3** 介護保険等関連情報の施策立案等への活用 ⋯⋯⋯⋯⋯⋯ 101

**4** 介護保険等関連情報の匿名性などを守る規定 ⋯⋯⋯⋯⋯ 104

## Part 9
# 介護保険等関連情報をめぐるしくみの充実

**1** 介護保険をめぐる情報はどこまで連結・拡充? ⋯⋯⋯⋯⋯ 106

**2** 介護保険等関連情報に新たな項目が追加 ⋯⋯⋯⋯⋯⋯⋯ 109

**3** 介護保険等の情報に関するその他のしくみ ⋯⋯⋯⋯⋯⋯ 112

ここもチェックしよう! 新型コロナで大ダメージ 介護サービス現場への支援はどうなる? ⋯ 114

## Part 10
# 介護サービスに関する「お金」のこと

**1** 「給付と負担」の見直しはほとんどが見送りに ⋯⋯⋯⋯⋯ 116

**2** 月あたり負担限度額は現役並み所得層を細分化 ⋯⋯⋯⋯ 118

**3** 施設等の補足給付の見直しについて ⋯⋯⋯⋯⋯⋯⋯⋯⋯ 120

巻末資料
地域共生社会の実現のための社会福祉法等の一部を改正する法律案要綱 ⋯⋯⋯⋯⋯⋯ 123

# 今回の社会福祉法等の改正が
# 介護保険事業等にもたらす影響

　2020年6月5日に可決、成立し、同月12日に公布された改正社会福祉法等（右ページ）は、下記のような点で、介護保険事業等にさまざまな影響を与えます。

### 地域福祉の推進に際して「地域共生社会の実現」を目指す
　介護保険事業者に対し、地域共生社会をになう「住民主体の取り組み」との連携強化などを運営基準等で定めたりすることが考えられる。

### 重層的支援体制など包括的支援体制の強化が図られる
　地域における「包括的支援体制」の枠組みの中で、介護保険事業者が「制度の枠組みを超えた課題」への対応を求められる可能性も。

### 社会福祉連携推進法人を認定するしくみが誕生
　中小規模法人が単体で進めるには難しい課題（人材確保など）が増える中で、法人間連携によって課題解決を図るという流れが強化されるか？

### 「共生」と「予防」をテーマとした認知症施策の総合的な推進
　認知症ケアにおいて、認知症カフェやチーム・オレンジなど住民主体の活動との連携を基準で定めたり、報酬上の評価とする可能性も。さらに「予防」に向けた取り組みとの連携が制度上で定められることも。

### 介護保険事業計画に「現場業務の効率化」に関する項目を追加
　国が示す「生産性向上に資するガイドライン」などに沿った「現場業務の効率化」について、事業者側の積極的な取り組みを要件とした補助金の拡大や運営基準上での規定などが定められる可能性も。

### 有料老人ホームやサ高住などへの市町村の関与を強化
　サ高住等入居者へのサービス提供を行う事業者に対して、市町村が情報連携を求めるケースが増えてくることも考えられる。

### 介護保険等関連情報の連結を強化するためのしくみ
　介護保険の新DB（CHASE）へのデータ提供を進めるために、介護報酬上の加算要件等によりインセンティブを強化することが想定される。

## 地域共生社会の実現のための社会福祉法等の一部を改正する法律案の概要

| | |
|---|---|
| 改正の趣旨 | 地域共生社会の実現を図るため、地域住民の複雑化・複合化した支援ニーズに対応する包括的な福祉サービス提供体制を整備する観点から、市町村の包括的な支援体制の構築の支援、地域の特性に応じた認知症施策や介護サービス提供体制の整備等の推進、医療・介護のデータ基盤の整備の推進、介護人材確保及び業務効率化の取組の強化、社会福祉連携推進法人制度の創設等の所要の措置を講ずる。 |
| 改正の概要 | **1．地域住民の複雑化・複合化した支援ニーズに対応する市町村の包括的な支援体制の構築の支援**<br>**【社会福祉法、介護保険法】**<br>市町村において、既存の相談支援等の取組を活かしつつ、地域住民の抱える課題の解決のための包括的な支援体制の整備を行う、新たな事業及びその財政支援等の規定を創設するとともに、関係法律の規定の整備を行う。<br><br>**2．地域の特性に応じた認知症施策や介護サービス提供体制の整備等の推進**<br>**【介護保険法、老人福祉法】**<br>①認知症施策の地域社会における総合的な推進に向けた国及び地方公共団体の努力義務を規定する。<br>②市町村の地域支援事業における関連データの活用の努力義務を規定する。<br>③介護保険事業（支援）計画の作成にあたり、当該市町村の人口構造の変化の見通しの勘案、高齢者向け住まい（有料老人ホーム・サービス付き高齢者向け住宅）の設置状況の記載事項への追加、有料老人ホームの設置状況に係る都道府県・市町村間の情報連携の強化を行う。<br><br>**3．医療・介護のデータ基盤の整備の推進**<br>**【介護保険法、地域における医療及び介護の総合的な確保の促進に関する法律】**<br>①介護保険レセプト等情報・要介護認定情報に加え、厚生労働大臣は、高齢者の状態や提供される介護サービスの内容の情報、地域支援事業の情報の提供を求めることができると規定する。<br>②医療保険レセプト情報等のデータベース（NDB）や介護保険レセプト情報等のデータベース（介護DB）等の医療・介護情報の連結精度向上のため、社会保険診療報酬支払基金等が被保険者番号の履歴を活用し、正確な連結に必要な情報を安全性を担保しつつ提供することができることとする。<br>③社会保険診療報酬支払基金の医療機関等情報化補助業務に、当分の間、医療機関等が行うオンライン資格確認の実施に必要な物品の調達・提供の業務を追加する。<br><br>**4．介護人材確保及び業務効率化の取組の強化**<br>**【介護保険法、老人福祉法、社会福祉士及び介護福祉士法等の一部を改正する法律】**<br>①介護保険事業（支援）計画の記載事項として、介護人材確保及び業務効率化の取組を追加する。<br>②有料老人ホームの設置等に係る届出事項の簡素化を図るための見直しを行う。<br>③介護福祉士養成施設卒業者への国家試験義務付けに係る現行5年間の経過措置を、さらに5年間延長する。<br><br>**5．社会福祉連携推進法人制度の創設**<br>**【社会福祉法】**<br>社会福祉事業に取り組む社会福祉法人やNPO法人等を社員として、相互の業務連携を推進する社会福祉連携推進法人制度を創設する。 |
| 施行期日 | 令和3年4月1日（ただし、3②及び5は公布の日から2年を超えない範囲の政令で定める日、3③及び4③は公布日） |

# 改正法、関連事項の施行時期一覧

| 施行期日 | 改正事項 | 参照ページ | |
|---|---|---|---|
| 2021年4月 | 社会福祉法第4条の地域福祉の推進に「地域住民が参加し、共生する地域社会の実現を目指す」という目的を追加 | P.12 | Part1-1 |
| | 地域住民等が地域共生社会を目指すうえでの、国や自治体のサポートを社会福祉法第6条に明記 | P.16 | Part1-2 |
| | 包括的支援体制の整備を進めるために、市町村に「重層的支援体制整備事業」を新設 | P.19 | Part1-3 |
| | 新事業のための新たな交付金の設立 | | |
| | 重層的支援体制の整備等に関する「必要な助言」「情報の提供」などを国や都道府県に義務づけた | | |
| | 介護保険法の第5条「国及び地方公共団体の責務」に、包括的支援に関する新たな項目を追加 | P.22 | Part1-4 |
| | 重層的支援体制を整えるために、包括的な相談に応じること（断らない相談）を明記 | P.24 | Part2-1 |
| | アウトリーチ（訪問）による「必要な情報の提供および助言」という手段を明記 | P.28 | Part2-2 |
| | 「地域共生社会」を具体化し、重層的支援体制整備事業の内容を明記 | P.30 | Part2-3 |
| | 包括的かつ継続的な支援の実施を明記 | P.32 | Part2-4 |
| | 重層的支援体制整備事業実施計画の策定および変更に際して、地域住民の意見も適切に反映するように努めることを明記 | P.34 | Part3-1 |
| | 地域福祉計画の盛り込むべき規定に、初めて「包括的な支援体制の整備」を明記 | P.37 | Part3-2 |
| | 地域福祉計画の包括的支援体制の整備を、全国一律の努力義務として格上げした | | |
| | 重層的支援体制整備に際して、必要があるときは事業の円滑な実施のための支援会議を設けることができる | P.40 | Part3-3 |
| | 重層的支援体制整備事業を実施する市町村に対し、国と都道府県から新たな交付金を支給 | P.43 | Part3-4 |
| | 各制度の事業費用のうち、重層的支援体制分の費用を除く読み替えを明記 | | |
| | 認知症に関する調査研究について、その成果の普及やさらなる発展も責務として明記 | P.61 | Part5-2 |
| | 認知症に関する規定（定義）の変更 | | |
| | 「認知症バリアフリーの推進」や「社会参加支援」といった当事者への支援体制の上乗せ | P.64 | Part5-3 |
| | 認知症施策を推進するために、本人の尊厳保持と他の人々との共生への配慮を組み込んだ | P.67 | Part5-4 |
| | 市町村の策定する「介護保険事業計画」において、認知症関連施策が独立条項へと格上げされた | P.70 | Part5-5 |
| | 介護保険事業計画に介護人材に関する事項を追加 | P.75 | Part6-2 |

| 施行期日 | 改正事項 | 参照ページ | |
|---|---|---|---|
| 2021年4月 | 老人福祉計画に人材確保などに関する項目を追加 | P. 78 | Part6-3 |
| | 老人福祉法の改正により、有料老人ホームの届出事項の一部を削除 | P. 84 | Part7-1 |
| | 有料老人ホームの届出がされたときの、都道府県から市町村への情報提供を義務化 | P. 86 | Part7-2 |
| | 市町村が未届けホームを発見した場合は、都道府県に通知する努力義務を追加 | | |
| | 介護保険事業（支援）計画において、地域の人口構造に配慮した住宅型有料老人ホームやサ高住の入居定員を追加（努力義務） | P. 89 | Part7-3 |
| | 市町村の介護保険事業計画の策定のための「調査・分析、結果公表」の範囲が拡大 | P. 109 | Part9-2 |
| | 調査・分析に関する情報を介護サービス事業者に対しても求めることができるようにした | | |
| 公布日から2年以内※に施行 | 社会福祉連携推進法人が誕生 | P. 46 | Part4-1 |
| | 社会福祉連携推進法人を認定する際の、6つの業務を規定 | P. 49 | Part4-2 |
| | 社会福祉連携推進法人の認定を受けるときに申請する書類を規定 | P. 52 | Part4-3 |
| | 「社会福祉連携推進方針」について、記載すべき事項を規定 | | |
| | 社会福祉連携推進法人が果たすべき4つの（努力）義務を規定 | P. 55 | Part4-4 |
| | 連携推進法人への委託については職業安定法の規定は適用せず、厚労省令に則ることを規定 | | |
| | 社会福祉連携推進法人の事業財産の取り扱いを規制 | | |
| ※2年以内の政令で定める日 | 医療や介護の連結情報提供に際して情報漏えいがあった場合の罰則規定の追加 | P. 112 | Part9-3 |
| 大綱に沿った改革が進行中 | 2019年策定の認知症施策推進大綱に基づいて介護保険法を改正 | P. 58 | Part5-1 |
| | 市町村が策定する介護保険事業計画のなかの「認知症施策の総合的な推進」についても、定めるべき努力義務事項に追加 | | |
| 公布日から施行 | 介護福祉士資格の養成施設ルートに関する国家試験の合格要件について、経過措置を5年間延長 | P. 80 | Part6-4 |
| 2021年度（未定） | 介護サービス利用の月あたり自己負担限度額のうち、「現役並み所得」の層を3区分に | P. 118 | Part10-2 |
| | 補足給付の所得区分の第3段階を2区分。高い区分については自己負担を引き上げ | P. 120 | Part10-3 |
| | 補足給付における預貯金勘案の基準を見直し | | |
| 2020年4月から施行済 | 介護保険の地域支援事業と、高齢者保健事業、国保事業の一体的な実施の努力義務条項を3つの事業に関する法律すべてに明記 | P. 94 | Part8-1 |
| | 1人の高齢者についての健診情報や健康指導の記録、介護・療養に関するサービスの情報を上記の3事業が共有できるように | P. 98 | Part8-2 |
| 2020年10月から施行 | 介護保険等関連情報について、厚労省以外で調査・分析を行うケースでも提供が可能に | P. 101 | Part8-3 |
| | 介護保険等関連情報の匿名性について、個人が特定できないような「加工」をほどこすことを条件に追加 | P. 104 | Part8-4 |

※公布日：2020年6月12日
※巻末の法律案要綱もあわせて参照してください。

11

# 地域共生社会に向けて 地域住民の責務を規定

ここが
変わる!

☑ 社会福祉法第4条の「地域福祉の推進」に、「なぜそれをするのか?」の目的を追加

☑ 「参加し、共生する社会（地域共生社会）の実現」を位置づけた

**2021年4月から施行**

## 多様化する生活課題の解決に向けたビジョン

近年、要介護世帯をめぐる環境は大きく変わりました。

介護を担う家族の状況を例にとっても、その数が圧倒的に少なくなっただけでなく、**地域社会から孤立したり、ストレスによってうつ病などを発症したりする**ケースも増えています。また、非正規雇用が増加する中で、**家族の家計を支える経済力**も衰えています。「8050問題」なども、こうした状況から来る社会現象の1つといえます。

つまり、介護者の孤立からくる虐待の発生やうつ病による自殺願望の高まり、世帯全体の生活困窮など、世帯内で「介護」以外の多くの課題が複雑に絡み合いやすくなっているわけです。

こうした中、介護保険のサービス担当者に、「**世帯内で多様化する課題」の発見者**という責務ものしかかりつつあります。

しかし、特に在宅介護を担う担当者が、24時間・365日、世帯内にとどまるわけにはいきません。仮に課題を発見しても、介護以外となれば、他の専門職・専門機関へとバトンタッチをしていくことが必要です。

となれば、①**地域全体で多様な課題に気づき、②制度の垣根を超えて多職種・多機関の協働によって課題解決を図るしくみ**が必要です。

そのために、国がかかげているビジョンが「地域共生社会」です。今回の法改正のもっとも大きなテーマとなります。

## 2017年の改正社会福祉法から何が変わったか?

①の「地域全体で多様な課題に気づく」という点については、すでに2017年の社会福祉法改正に反映されています。

社会福祉法では、第4条で地域住民等(社会福祉活動を行う者などを含む)が「地域福祉の推進に努める」ことを求めています。その際の具体的な留意事項を新たに示したのが、前改正の趣旨です。

その留意事項の1つに、「地域生活課題の把握」が含まれています。地域全体に「努力」をうながしたうえで、その具体的な努力内容として「生活課題の把握(気づき)」を求めたわけです。

しかし、これだけでは「何のために?」という目的が定かではありません。そこで、今回の改正法では社会福祉法第4条の冒頭にこの「目的」

### ■ 今回の改正を加えた「社会福祉法第4条」の構成

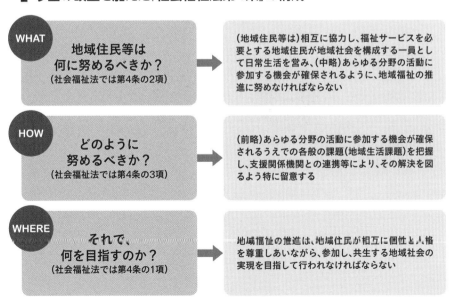

WHAT　地域住民等は何に努めるべきか?(社会福祉法では第4条の2項)→(地域住民等は)相互に協力し、福祉サービスを必要とする地域住民が地域社会を構成する一員として日常生活を営み、(中略)あらゆる分野の活動に参加する機会が確保されるように、地域福祉の推進に努めなければならない

HOW　どのように努めるべきか?(社会福祉法では第4条の3項)→(前略)あらゆる分野の活動に参加する機会が確保されるうえでの各般の課題(地域生活課題)を把握し、支援関係機関との連携等により、その解決を図るよう特に留意する

WHERE　それで、何を目指すのか?(社会福祉法では第4条の1項)→地域福祉の推進は、地域住民が相互に個性と人格を尊重しあいながら、参加し、共生する地域社会の実現を目指して行われなければならない

を定めました。それが以下の条文です。

「地域福祉の推進は、地域住民が相互に個性と人格を尊重し合いながら、**参加し、共生する地域社会の実現を目指して**行われなければならない」

## 地域住民に求める「気づき・解決」への参加

上記の条文には、重要なポイントが２つあります。

１つは、国が目指そうとしている**「地域共生社会」**というビジョンが**明記**されたことです。これにより、さまざまな課題を抱えている人とも「地域で共生していく」という土台が生まれたことになります。

２つめは、**共生と同時に「参加」を目指した**ことです。これは、生活課題を抱えた人が孤立せず地域社会に「参加できる」ことを目指すという意味が１つ。それと同時に、すべての住民が生活課題を「わが事」として、その把握・解決に「参加していく」という意味も含まれています。

### ▌要介護世帯の中にも「介護」以外の課題が急増

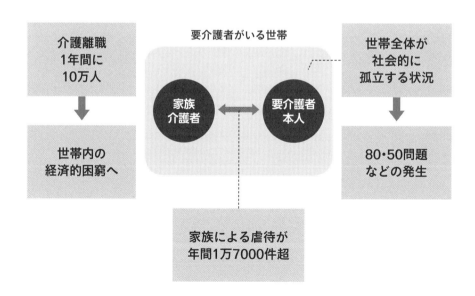

14

## 今回の社会福祉法改正が介護サービスにどう関係するか？

　この社会福祉法第4条の改正が、介護サービス事業者・担当者にどのようにかかわってくるのでしょうか。簡単にいえば、要介護世帯が直面するさまざまな課題に対し、その「気づき」や「解決」に向けて、**地域住民による主体的な活動などとの連携**が求められることです。

　すでに介護保険の制度内でも、介護予防・日常生活支援総合事業の中にボランティア等の運営による**住民主体サービス**が誕生しています。また、認知症の人を支える資源として、地域住民などが手がける**「認知症カフェ」**や**「チームオレンジ」**（65ページ参照）が機能しています。

　若年人口が少なくなる中、介護を担う資源も「支え手」の減少が危惧されます。それをカバーするため、**「支える側と支えられる側」の区切りをなくし、皆が支え合う**──このビジョンを地域共生社会と位置づけ、国はさまざまな施策に反映しようとしているわけです。

　当然、介護サービスをめぐる省令などでも、**住民同士の支え合いをベースとした資源との連携**が一気に増えてくる可能性があります。

### ▍ 地域住民が主体となったさまざまな地域資源

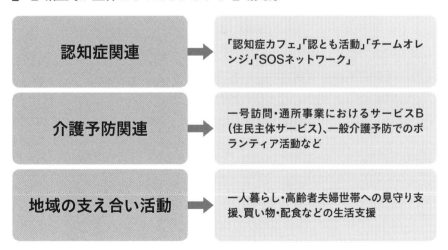

| 認知症関連 | ➡ | 「認知症カフェ」「認とも活動」「チームオレンジ」「SOSネットワーク」 |
| 介護予防関連 | ➡ | 一号訪問・通所事業におけるサービスB（住民主体サービス）、一般介護予防でのボランティア活動など |
| 地域の支え合い活動 | ➡ | 一人暮らし・高齢者夫婦世帯への見守り支援、買い物・配食などの生活支援 |

# 地域共生社会に向けた国と自治体の責務

ここが
変わる！

- ☑ 地域住民等が地域共生社会を目指すうえで、国や自治体のサポートを第6条に明記
- ☑「包括的な支援体制」や「多機関の連携」を市町村が進めやすくするしくみ **2021年4月から施行**

## 地域住民等をサポートする側の責務とは？

　社会福祉法第4条が改正され、地域住民等の「なすべきこと」（責務）と「その具体的な中身」（留意）、そして**「地域共生社会を目指すこと」（目的）**が明らかにされました。

　では、地域住民等をサポートする立場の**国や自治体**は、地域共生社会に向けてどのような役割が求められるのでしょうか。

　その役割の内容を具体的に示したのが、**社会福祉法第6条の改正**です。もともと第6条では、「地域福祉の推進のために必要な各般の措置」を求めていました。ここに、以下の2点がプラスされました（同法第2項）。

①地域課題の解決が「包括的」に提供される体制の整備

②地域福祉の推進にあたり、保健医療、労働、教育、住まい、地域再生に関する施策、その他の関連施策との「連携」に配慮すること

　キーワードは、「包括的」な提供体制と関連施策との「連携」です。

　要介護者のいる世帯を例にとると、世帯内で**貧困や虐待などの多様な課題**も複合しているケースが増えています。それらの複合課題にバラバラに対処するのではなく、「包括的」に対応することが必要です。そのために、多様な福祉施策の枠を超えた「連携」が求められます。

このしくみを法律で明記したのが、今回の改正というわけです。

## 2017年の法改正では解決できなかった問題

ところで、地域課題に対する「包括的」な支援や、課題解決に向けた関係機関の「連携」については、**2017年の社会福祉法改正**でも体制整備に努めることが定められていました。国も、**包括的な支援体制の整備に向けた予算措置**を2017年度から実施しています。

しかし、ここには課題もありました。たとえば、地域包括支援センター（包括）が「（多様な課題に関する）包括的な相談」にのった場合、各相談にかかる費用は、**制度上按分されなければなりません。**

### ■ 2017年の法改正にもとづき同年度から予算措置
### ●多機関の協働による包括的支援体制整備事業

**多機関によるさまざまな分野の相談支援**

高齢関係、住まい関係、教育関係、保健関係、
障がい関係、医療関係、家計支援関係、雇用・就労関係、
児童関係、司法関係、自殺対策関係、多文化共生関係など

**相談支援包括化推進員（コーディネーター役）**

**地域住民等とも連携し、世帯全体の課題を把握。
多分野の相談支援体制のネットワーク化を図り、
包括化支援会議などを開催して課題解決を目指す**

また、包括への国の交付金は「65歳以上の高齢者を対象とした事業にあてられる」ため、自治体の会計検査で**「包括職員を交付金事業以外の職務にあてることはできない」**という指摘も出ていました。

　こうした制度上の問題解決には、自治体が取り組む「包括的な支援体制」の整備に対して、**国の責務**も明らかにする必要があります。

## 財源の按分問題などをすっきりさせるために

　国の責務を示したのが、今回の社会福祉法の改正です。

　わかりやすくいえば、市町村に「包括的支援体制の整備」を求めるのであれば、**その受け皿となる枠組み（つまり、新しい事業）を設けることが必要です。** 新しい事業を設けるには、**その根拠となる法律**を定めなければなりません。それが第6条という位置づけです。

　では、その新しい事業とは何なのでしょうか。それは、第6条に追加された第3項で定められた**重層的支援体制整備事業**です。

### ■ 相談支援等の事業の一体的実施にあたっての課題

| | |
|---|---|
| **A市** | ・直営の地域包括センターで、総合的な相談対応を含め、業務量を按分して費用を支出<br>・正職員のうち、保健センターや地域支援事業（介護予防事業）を担当する保健師は地方交付税、その他の正職員は単費で対応<br>**➡会計検査において、地域支援事業（包括的支援事業）とその他の事業を明確に分けているのかとの質問があったことから、毎月の業務実績に応じて業務量と財源を按分** |
| **C市** | ・市役所内に全世代対象型の「福祉総合相談課」を開設。地域包括支援センターの機能を内包しており、同センターに位置づけられた職員が高齢者以外の相談対応も実施<br>**➡会計検査により、「国からの交付金は、65歳以上の高齢者を対象とした地域包括支援センターとしての業務に対してのみ支給されるものであり、交付金の対象になっている職員については、地域包括支援センター以外業務に従事させてはならない」と指摘を受けたため、現在は各種相談支援機関の機能を明確にわける体制に変更** |

（2019年5月23日　社会保障審議会・介護保険部会資料より）

国の責務も明らかにする必要がある

# 包括的支援体制のための新しい事業の枠組み

ここが変わる！

- ✅ 包括的支援体制の整備を進めるために、市町村に「重層的支援体制整備事業」を新設
- ✅ 新事業のための新たな交付金や、国や都道府県による市町村へのサポートも **2021年4月から施行**

## 重層的支援体制整備事業の目的とは何か？

前項（16ページ参照）では、2017年の法改正にもとづく「包括的支援体制の整備」を市町村に求めるうえで、さまざまな課題があることを述べました。

その解決のために、**制度上に新設した受け皿が「重層的支援体制整備事業」**です。今改正法では、社会福祉法に106条の4を設け、この新事業について以下のように定めています。

「市町村は、**地域生活課題の解決に資する包括的な支援体制を整備する**ため、（中略）厚生労働省令で定めるところにより、重層的支援体制整備事業を行うことができる」

気になるのは、前項でも述べた「お金」の話でしょう。これについての詳細は25ページで述べますが、結論からいうと**新たな交付金**が設けられました（社会福祉法第106条の8）。

交付金の額については、「市町村が実際に**どの分野の支援**に費用を使ったか」によって細かく設定されています。その中には、介護保険法の地域支援事業（一般介護予防など）にあたるものを、**多分野の支援事業と一体的に行った場合**なども含まれています。

## 任意事業でスタートだが、いずれは全国一律に？

　新設された重層的支援体制整備事業ですが、先に示した条文でも明らかなように、これは**「できる」とされた任意事業**です。極端な言い方をすれば、市町村判断で「やらなくても」構わないわけです。

　ただし、注意したいのは、過去の例でも「任意」で始まった事業が**全国一律での「義務づけ」に格上げされたケース**があることです。

　介護保険でいえば、**介護予防・日常生活支援総合事業**です。この事業は、2011年の介護保険法改正によって「任意」でスタートしましたが、2014年の改正で「全国一律」での実施が定められました。

　このケースに沿えば、重層的支援体制整備事業も、近い将来「全国一律」へと格上げされる可能性があります。直近でいえば、**団塊世代が全員75歳以上を迎える2025年**となるのかもしれません。

### ■ 国の過去の施策ケースから見られる流れ

| 介護保険制度の<br>介護予防・日常生活支援<br>総合事業 | 社会福祉法上の<br>地域福祉計画 | 今改正の重層的支援体制<br>整備事業 |
| --- | --- | --- |
| 2011年の法改正で市町村の**任意事業として**誕生（2012年度施行） | 2015年度以前は、計画策定を行う場合の規定のみ（策定は任意） | 包括的支援体制の整備は義務だが、新事業はあくまで任意 |
| ↓ | ↓ | ↓ |
| **2014年の法改正で全市町村に実施を義務づけ**（2017年度から全国実施） | **2014年の法改正で、計画策定を全市町村の努力義務へと格上げ**（2015年度施行） | たとえば、団塊世代が全員75歳以上となる2025年度を目指して義務化？ |

なお、今回の社会福祉法の改正で、地域福祉計画の項目に
「包括的な支援体制の整備」が加わった

## 国や都道府県による助言や情報提供を義務づけ

さて、新たな交付金が設けられるというのは、財源の按分などに苦労していた市町村にとっては、包括的な支援体制づくりを進めるうえで大きな「追い風」となるでしょう。しかし、**十分な準備が整わない中での拙速な着手は、現行の支援現場に混乱を招きかねません。**

そこで必要になるのは、国（あるいは市町村を支援する立場にある都道府県）が、きちんと**新事業の手引き**をすることです。

この点について、社会福祉法の第4条に第3項を設け、重層的支援体制の整備等に関する**「必要な助言」「情報の提供」**などを国や都道府県**に義務づけ**たわけです。同4条では、すでに第2項で「包括的支援体制の整備」に向けた国の責務を記していますが、「重層的支援体制の整備」について改めて力を注ぐことを示した点が注目されます。

### ■「重層的支援体制整備事業」の制度上の位置づけ

これまでの
包括的支援体制の整備
（社会福祉法第106条の3）

・目指すべき事業イメージがわきにくい
・財源の按分や職員配置などが複雑になる

訪問による伴走型支援など
事業イメージを明確化

新設された
重層的支援体制整備事業
（社会福祉法第106条の4）

新たな交付金を設けて
財源の按分などを明記

国や都道府県の
サポートを新たに義務づけ

事業計画の策定や支援会議
なども法律で明記

包括的な支援体制
づくりの「追い風」に

# 今回の社会福祉法改正の介護保険への反映

ここが変わる！

- ✓ 介護保険法の「国と地方公共団体の責務」に、包括的支援に関する新たな項目が追加
- ✓ 社会福祉法の改正と「足並み」を揃えた、目指すべき地域共生社会が明確に　**2021年4月から施行**

## 介護保険法でも包括的支援に関する規定がある

　地域福祉の推進に向けて、地域住民が目指すべきもの（地域共生社会の実現）が明確にされ、それをサポートする新たな受け皿として重層的支援体制整備事業が設けられました。こうした動きが、介護保険法ではどのように反映されているのでしょうか。

　今改正では、介護保険法第5条の「国および地方公共団体の責務」に新たな項目が追加されました。ちなみに、第5条の責務というのは、**介護保険事業の運営が健全かつ円滑に行われるよう、保健医療や福祉のサービス提供体制の確保等の措置を講ずる**としたものです。

　その第3項に、**「被保険者が、可能な限り住み慣れた地域で、自立した日常生活を営むことができる」**という旨を目的とした規定が設けられています。いわば、地域包括ケアの実現を目指したものです。

　そのポイントは、**保険給付サービス等の施策を、医療および居住に関する施策と連携させつつ「包括的に提供する」**というものです。

　つまり、**介護保険法でも、国や自治体の責務には「包括的支援体制」が明記されている**わけです。そして、第4項では、この「包括的な支援」に向けての努力義務が定められました。

## 多様な社会福祉施策との「足並み」が揃うことに

　その努力義務とは、**医療や居住だけでなく、障がい福祉やその他の施策との連携も図らなければならない**というものです。

　2017年の法改正で「**共生型サービス**」が誕生しましたが、これも他制度との連携にもとづいた施策の1つです。

　そして、今改正では上記の連携にあたって、以下の努力義務がプラスされました。それは、「**地域住民が相互に人格と個性を尊重し合いながら、参加し共生する地域社会の実現に資する**」というものです。

　これは、今回の改正社会福祉法の第4条と同じ内容です。これによって、**介護保険が多様な社会福祉事業と一体的に提供されるべきものであることが明確になった**わけです。

### ▌介護保険法第5条に記されている内容（国と地方公共団体の責務）

> 介護保険事業の運営が健全かつ円滑に行われるように…

| 国は、サービス提供体制の確保に関する施策等を講じなければならない | 都道府県は、必要な助言および適切な援助をしなければならない | 国や自治体は保険給付サービス等につき医療・居住との包括的な提供を |
| --- | --- | --- |

上記の実施に際して… **＋**

**今回の改正点**

❶障がい福祉等との有機的な連携を図ること
❷地域住民が相互に人格と個性を尊重しあいながら、参加し共生する地域社会の実現に資するよう努めること

> 介護保険が多様な社会福祉事業と一体的に提供されるべきものであることが明確に

# 複数の法律にまたがる支援事業を一体的に実施

ここが変わる！

✓ 重層的支援体制整備事業は、4つの制度にまたがる事業を一体的に行うことが必要になる

✓ 4つの制度にまたがる相談について、「包括的」に受けることが明記された

2021年4月から施行

## 一体的に行う事業は4つの法律に基づく

　新設された重層的支援体制整備事業とは、具体的にどのような事業なのでしょうか。ここからは、その中身を見ていくことにします。

　まず大きなポイントは、複数の制度にまたがる事業を**一体的に行う**という点です。具体的にあげられている制度を確認しましょう（社会福祉法第106条の4第2項第1号）。

①**介護保険制度に定められた地域支援事業のうち、主に地域包括支援センター（以下、包括）が担う包括的支援事業の中の以下の事業（介護保険法第115条の45第2項の1号から3号）**

　・総合相談支援（課題把握、情報提供、関係機関との連絡調整など）

　・権利擁護（高齢者に対する虐待の早期発見、防止など）

　・困難事例等に対する包括的・継続的なマネジメント支援

②**障害者自立支援制度に定められた市町村の地域支援事業のうち、以下の事業（障害者の日常生活及び社会生活を総合的に支援するための法律第77条第1項の3号）**

　・当事者および家族に対する総合相談支援　など

③**子ども・子育て支援制度に定められた地域子ども・子育て支援事業の**

うち、以下の事業（子ども・子育て支援法第59条の第1号）

・子どもおよび保護者に対する総合相談支援

④生活困窮者自立支援制度に定められた生活困窮者自立相談支援事業。具体的には以下の事業（生活困窮者自立支援法第3条第2項の各号）

・生活困窮者の自立支援に関する総合相談支援

・生活困窮者就労訓練事業の利用に対するあっせん

・生活困窮者に対する自立促進に向けた包括的な支援

## ケアマネジャーが複合課題に直面した場合

このように、関連する事業は幅広い分野にわたります。しかし、これらの分野にわたる課題が**1つの世帯内に凝縮する**可能性もあります。

たとえば、介護保険のケアマネジャーが要介護者のケアマネジメントにかかわったとします。すると、家族に心身の障がいがあり、就労できずに生活が困窮している、さらに幼い子どもがいて、その子育てもままならない――そうした多様な課題に直面するという具合です。

### ▌4つの制度に基づく事業を一体的に実施

| 介護保険制度 | 障がい者自立支援制度 |
|---|---|
| 地域支援事業のうちの総合相談支援や虐待防止等の権利擁護、困難ケースに対するケアマネジメント支援など | 当事者・家族に対するサービス利用に関する総合的な相談支援、当事者への虐待防止等の権利擁護など |

**重層的支援体制下で一体的に実施**

| 子ども・子育て支援制度 | 生活困窮者自立支援制度 |
|---|---|
| 市町村子ども・子育て支援計画に沿って子ども・保護者が支援給付を受けられるようにするための総合相談支援など | 生活困窮者に対する相談支援や就労訓練事業へのあっせん、自立促進に向けた包括的な支援など |

ケアマネジャーとしては、介護保険だけでは対応困難ゆえに、包括に相談することになるでしょう。その際、地域に重層的支援体制が整備されていれば、相談を受けた包括から、制度の枠を超えた多様な職種・機関による支援へとつなぐことができるわけです。

## 重層的支援体制の規定では「断らない相談」を明記

　ここで重要になるのは、**入口となる相談対応**です。上記のケースでいえば、対応するのは、ケアマネジャーからの相談を受けた包括です。

　ただし、その前段階でケアマネジャーが世帯内の当事者から（介護保険以外の課題についての）相談を受ける可能性もあります。

　あるいは、**近隣住民が、すでに課題に気づいているかもしれません。**住民としては課題が複雑ゆえに「どこに相談していいか分からない」となり、市町村の窓口にとりあえず相談するという流れが考えられます。

### ▎ケアマネジャーが複合的課題に直面した場合

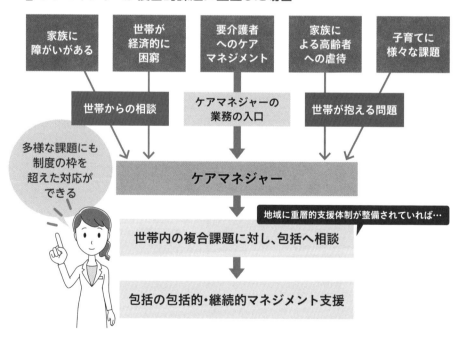

　問題は、ケアマネジャー、包括、あるいは相談を受けた市町村の窓口が、**「自らの担当する制度とは違う」**ゆえに**「他の窓口」を紹介するだけで終わってしまう**ことです。相談者から見れば「たらい回しにされた」となるでしょう。そこで相談者があきらめてしまえば、課題を専門的な支援機関につなげるという流れが途絶えてしまう恐れもあります。

　こうした弊害を防ぐために、重層的支援体制に関する社会福祉法の改正法では、**「包括的に相談に応じる」**こと（つまり、**「断らない相談」**）を明記しています（社会福祉法第106条の4第2項第1号）。

　逆にいえば、市町村が重層的支援体制整備事業を手がけた場合、介護保険事業者（特にケアマネジャー）としても、**「断らない相談」に配慮するための省令や通知などが生じる可能性**を頭に入れたいものです。

■ **重層的支援体制整備事業に規定された「断らない相談」**

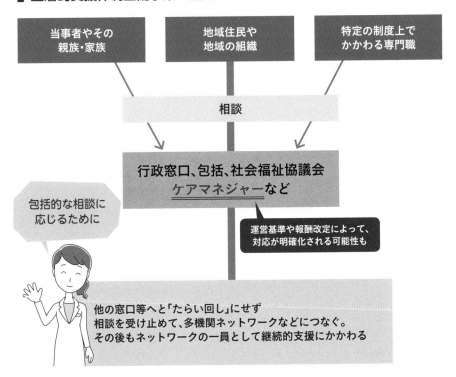

# 生活課題を抱える人の社会参加を支援する

ここが
変わる！

☑ 重層的支援が目指すのは、「生活課題を抱えた人」への「社会参加」のための便宜
☑ 複合的課題による「閉じこもり」に対し、アウトリーチによる相談支援を法律で明記 2021年4月から施行

## 地域資源との「つながり」を再生するために

重層的支援体制整備事業における2つめのポイントは、生活課題を抱える人に対して、**「社会参加」のための便宜**を図ることです。

ここでいう「社会参加」とは、具体的に何を指すのでしょうか。

たとえば、世帯内に介護や貧困、子育てなど、さまざまな課題が複合しているとします。家の中の「困りごと」がこじれれば、どうしても世帯全体が内向きになり、閉じこもり傾向も強まります。そうなると、課題解決に向けて地域のサポート資源へと「つながる」ことも難しくなるわけです。

この**地域との「つながり」を再生し、世帯全体が円滑な社会生活を営めるようにする**──このビジョンを「社会参加」と位置づけ、重層的支援体制の機能の1つと定めています。

生活課題を抱える人々が「閉じこもり」傾向となると、必要なサービス資源へと**アクセスするための情報や手段が乏しくなります**。これが、主体的な社会参加を阻んでいる大きな要因です。

そこで、重層的支援体制をめぐる改正法では、**アウトリーチ（訪問）による「必要な情報の提供および助言」**という手段を明記しました（社

会福祉法第106条の４第２項第２号）。

　現状でも、介護保険制度でいえば、ケアマネジャーが利用者宅を訪問して本人・家族の介護に関する相談を受けるしくみはあります。しかし、世帯内の課題が多分野にわたる中では、限られた訪問機会ですべての課題を網羅した相談にのることは困難です。

　これに対し、重層的支援体制が法律で位置づけられたことで、**計画的に幅広い支援機関と連携しつつ「訪問による相談・助言・情報提供」の範囲を広げたり、その質を上げたりすることが可能**になるわけです。

　具体的に、どのようなアウトリーチのしくみが想定されるのかについては、改正法施行までの間に厚労省令で定められることになります。市町村向けのガイドラインなども同時に示されることになるでしょう。

■ 多様な生活課題を抱えた場合に「起こりうること」と「その解決」

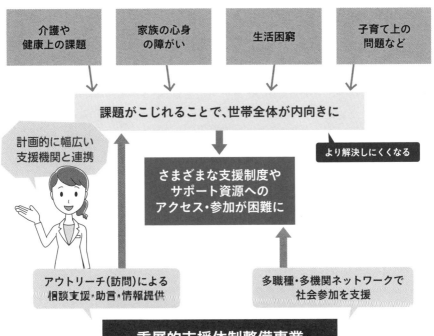

介護や
健康上の課題

家族の心身
の障がい

生活困窮

子育て上の
問題など

課題がこじれることで、世帯全体が内向きに

計画的に幅広い
支援機関と連携

より解決しにくくなる

さまざまな支援制度や
サポート資源への
アクセス・参加が困難に

アウトリーチ(訪問)による
相談支援・助言・情報提供

多職種・多機関ネットワークで
社会参加を支援

重層的支援体制整備事業

# 地域住民の参加・交流の機会を確保する資源整備

ここが変わる！

☑ 共生社会の実現に向け、住民の参加機会の確保や生活課題の防止・解決への体制を整備

☑ 地域住民が「交流拠点」などを立ちあげる際、その援助なども事業内容に　2021年4月から施行

## 地域共生社会を具現化するための事業

　生活課題を抱える地域住民にとって、解決に向けた「つながり」の対象は既存の専門機関だけではありません。むしろ、それだけに頼る体制は、どうしても旧来の制度的な縦割りがつきまといがちです。

　そこで、**NPOや社会福祉法人、あるいは住民主体の組織など、多様な主体による「既存の枠」にとらわれない柔軟な取り組み**が求められます。そこでは、地域住民が「支え手・受け手」の枠を超えて参加し、自身の居場所を見つけつつ**社会参加を進める**という機能も期待されます。

　これが、今回の法改正のメインテーマである「地域共生社会」を具体化したもので、重層的支援体制整備事業の内容に明記されています（社会福祉法第106条の4第2項第3号）。

## 地域住民による主体的な「場づくり」も支援

　実際に、どのような資源づくりが考えられるのでしょうか。

　昨今、子ども食堂などが増えていますが、子どもに限らず**多世代の人が交流できる食堂**もあります。そこに来た高齢者が子どもに勉強を教えるなど、交流する機会にもなります。ハード面では、空き家や廃校など

を活用し、多世代交流の拠点とするケースもあります。

こうした交流拠点に相談支援を行う専門職を配置すれば、参加者が多様な生活課題を打ち明ける場にもなります。つまり、**課題がこじれる前に「把握」できる場**となり、早期の解決も見込まれるわけです。

ただし、こうした拠点づくりなどを住民主体で行ううえでは、**ノウハウや資金に乏しいなどといった課題**もあります。そうした時に**ノウハウを提供したり、民間からの資金調達の方法などを紹介したりする**しくみがあれば、主体的な活動も軌道に乗りやすいでしょう。

こうした多様な活動を下支えするうえでも、重層的支援体制整備事業が受け皿として期待されます。介護事業を営む社会福祉法人などが、新たな社会貢献活動に乗り出す際にも頭に入れておきたいものです。

## ▍地域共生社会の実現に向け、国が描く施策イメージ

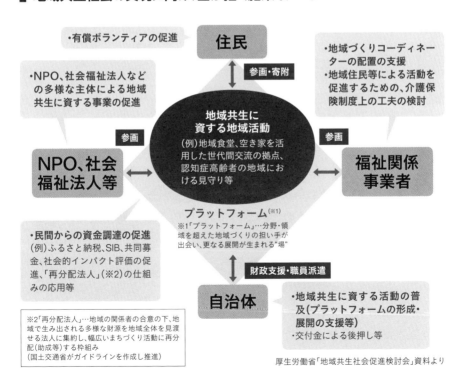

・有償ボランティアの促進

**住民**

参画・寄附

・地域づくりコーディネーターの配置の支援
・地域住民等による活動を促進するための、介護保険制度上の工夫の検討

・NPO、社会福祉法人などの多様な主体による地域共生に資する事業の促進

参画

**地域共生に資する地域活動**
(例)地域食堂、空き家を活用した世代間交流の拠点、認知症高齢者の地域における見守り等

参画

**NPO、社会福祉法人等**

**福祉関係事業者**

プラットフォーム(※1)
※1「プラットフォーム」…分野・領域を超えた地域づくりの担い手が出会い、更なる展開が生まれる"場"

・民間からの資金調達の促進
(例)ふるさと納税、SIB、共同募金、社会的インパクト評価の促進、「再分配法人」(※2)の仕組みの応用等

財政支援・職員派遣

**自治体**

・地域共生に資する活動の普及(プラットフォームの形成・展開の支援等)
・交付金による後押し等

※2「再分配法人」…地域の関係者の合意の下、地域で生み出される多様な財源を地域全体を見渡せる法人に集約し、幅広いまちづくり活動に再分配(助成等)する枠組み
(国土交通省がガイドラインを作成し推進)

厚生労働省「地域共生社会促進検討会」資料より

# 対応困難ケース等での計画的な「伴走型支援」

**ここが変わる！**

☑ 地域からの長期の孤立など、課題がこじれたケースへの支援を包括的・継続的に実施

☑ 複合的課題に対して、複数の支援機関で連携し、一体的・計画的な支援を実施　**2021年4月から施行**

## 改正法で描かれている「伴走型支援」ビジョン

　社会構造が複雑になる中で、世帯内の生活課題もこじれ方が大きくなるケースが増えています。たとえば、世帯全体で長期にわたって地域から孤立し、当事者が支援を拒絶することもあります。

　こうした場合、何より大切なのは、**「支援する側とされる側」の信頼関係**です。支援者がいい結果を出そう（具体的な制度ありきで、そこにつなげよう）と焦るほど、そこで信頼関係が壊れてしまうことも起こり得ます。イメージしたいのは、マラソンにおける伴走者です。息切れしそうな長い距離を一緒に進む中では、本人のペースを尊重することが重要です――これを支援に当てはめたのが**「伴走型支援」**です。

　実際の改正法を見てみましょう。そこには、「訪問により状況を確認したうえで相談に応じ、利用可能な福祉サービスに関する情報の提供および助言」等を「包括的かつ継続的に行う」と記されています（社会福祉法第106条の4第2項第4号）。

　ポイントは2つあります。①いきなり「相談にのる」のではなく**「状況を確認する（つまり、相手のペースを尊重する）」**こと、②**「継続的に行う（つまり、粘り強く伴走する）」**ことです。

## 当事者にとっての「解決」の道筋を整える

もちろん、課題が複合化している中では、特定の専門職だけが「伴走型支援」を担うことは困難です。伴走は一人ではなく、**複数の支援機関による「チーム」で手がけていくこと**が欠かせません。

改正法では、複数の支援機関が「相互の有機的な連携」のもと、課題解決に向けた支援を「一体的かつ計画的」に行うと記しています（同法第2項第5号）。

注意したいのは、「一体的」のみならず**「計画的」**という点です。

先に述べたように、「制度ありきで、そこにつなげればいい」というのでは、当事者にとっての真の解決にはなりえません。**その人にとって「どうあること」が解決なのかという道筋を慎重に整えていくこと**が重要であり、それだけ個別支援のための高度な計画性が求められるわけです。ちなみに、この計画の様式・書式については、改正法施行までの間に厚労省令で示されることになっています。

### ■ 「複合化した課題」を「その人にとっての解決」に導く

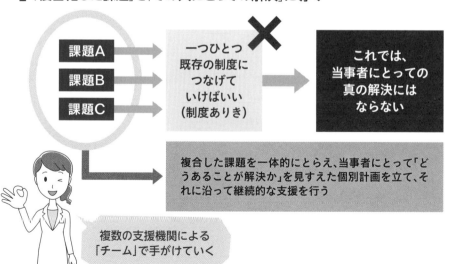

課題A
課題B
課題C

一つひとつ既存の制度につなげていけばいい（制度ありき）

✕

これでは、当事者にとっての真の解決にはならない

複合した課題を一体的にとらえ、当事者にとって「どうあることが解決か」を見すえた個別計画を立て、それに沿って継続的な支援を行う

複数の支援機関による「チーム」で手がけていく

# 重層的支援体制整備事業に際しての計画策定

ここが変わる！

- ✅ 重層的支援体制整備事業を行う市町村は、他事業計画との調和に配慮した実施計画を策定
- ✅ 実施計画策定に際して、地域住民の意見の反映に努めなければならない

2021年4月から施行

## 新事業を「適切かつ効果的」に行うために

市町村が**重層的支援体制整備事業**に着手しようとする場合、必ず手がけなければならない実務がいくつかあります。

まず必要なのは、同事業に特化した計画の策定です。これを**重層的支援体制整備事業実施計画（以下、実施計画）**といいます。

内容としては、Part 2 で述べた事業をどのように提供するかという体制のほか、今後の厚労省令で定める内容を含みます。いずれにしても、同事業を**「適切かつ効果的」に行う**ことを目的としたものです。

そこで重要となるのが、地域住民の意見をどのように反映させるか、についてです。同事業はそこで暮らす人々の生活課題の解決にかかわるものですから、当然ながら**地域住民への公開**が前提です。もっとも、地域住民とのスタンスという点では「公開」だけでは足りません。

今回の改正法（社会福祉法第106条の5第2項）によれば、**実施事業の策定および変更に際しては、支援関係機関等のほか地域住民の意見も適切に反映する**ように努めなければならないとしています。

ただし、地域住民から、具体的にどのような方法で「意見」を求めるのかという点までは明記されていません。

　もともと地域福祉計画（37ページ参照）などの策定に際しても、地域住民の意見を反映させることを求めています。その手法は市町村によってさまざまで、アンケートや公聴会等のほか、**市町村担当者が各自治会に出向き住民とひざを突き合わせる**といったケースもあります。

　このあたりが、市町村の力量が試される部分ともいえます。

## 「一体的」に行う多事業計画との整合性も重要

　もう１つ重要なのは、**他の住民支援に関する計画との整合性**です。

　市町村が地域課題の解決に向けて策定すべき計画には、先に述べた地域福祉計画のほか、**介護保険事業計画**があります。また、障がい者支援に関する障害福祉計画、子ども・子育て支援事業計画もあります。

　これらの計画にもとづく事業は、重層的支援体制整備事業で制度の枠

### ■ 地域住民の「声」を聞く方法はいろいろあるが……

| A市のケース | B市のケース |
| --- | --- |
| ・住民アンケートの配布<br>・公聴会を開いてヒアリング<br>・住民に近い民生委員や介護事業者を介して意見収集 | 地域の自治会などに市町村の担当者が出向いて、参加している一般住民とひざを突き合わせて懇談する |
| ↑ | ↑ |
| どちらかというと<br>「来るのを待つ」姿勢 | こうした取り組み1つでも<br>アウトリーチが基本 |

既存の地域福祉事業が
うまく機能している自治体は
どちらかというと
Bのパターンが多い

を超え**「一体的に行う」**と位置づけられています。

　つまり、こうした諸計画と整合性がとれた（改正法では**「調和が保たれた」**という表現になっています。同法第3項）内容でなければ、それぞれの支援機関の間の連携などもうまくは行かないわけです。

　ということは、市町村の行政内部でも、**各担当部署間の連携・調整が重要になります**。その調整役となる部署をどのように設置し、どのような人材を配置するのかなども市町村の力量が試される点でしょう。

　いずれにしても、重層的支援体制整備事業に手をあげる自治体は、**高度な組織づくりや人材育成**が求められることになります。

### ▌どのような事業計画との「調和」が求められるのか？

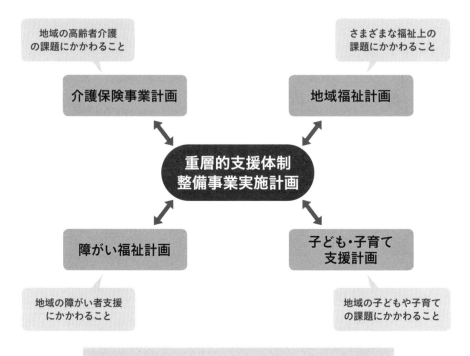

地域の高齢者介護
の課題にかかわること

さまざまな福祉上の
課題にかかわること

介護保険事業計画

地域福祉計画

重層的支援体制
整備事業実施計画

障がい福祉計画

子ども・子育て
支援計画

地域の障がい者支援
にかかわること

地域の子どもや子育て
の課題にかかわること

諸計画と「調和が保たれた」事業内容にするため、行政
内部でも各担当部署間の連携・調整が重要になる

# 地域福祉計画にも 包括的支援体制を明記

ここが
変わる!

- ☑ 地域福祉計画の盛り込むべき規定に、初めて「包括的な支援体制の整備」を明記
- ☑ 地域福祉計画の包括的支援体制の整備を、全国一律の努力義務へと格上げ **2021年4月から施行**

## 地域福祉計画の5番目の盛り込み規定

　重層的支援体制整備事業の実施計画については、他に市町村が策定する４つの計画との「調和」が必要となった点を述べました。

　その中に市町村地域福祉計画（以下、地域福祉計画）がありますが、この計画に関する規定も、今改正法での変更がなされました。

　まず、地域福祉計画に関する従来からの規定を確認しておきましょう。具体的には社会福祉法第107条第１項で、計画に以下の事項を盛り込むことが求められています。

①地域における高齢者の福祉、障がい者の福祉、児童の福祉に関し、共通して取り組むべき事項

②地域における福祉サービスの適切な利用の推進に関する事項

③地域における社会福祉を目的とする事業の健全な発達に関する事項

④地域福祉に関する活動への住民の参加の促進にする事項

　変更になったのは、次の５番目です。要約すると、これまでは「**包括的支援体制の整備に関する事業を実施する場合には**、その各事業（地域生活課題に関する相談支援や解決に向けた体制整備など）」というものでした。この規定がどう変更されたかというと、以下のとおりです。

⑤地域生活課題の解決に資する支援が包括的に提供される体制の整備に
　関する事項

　改正前も後も、「包括的支援体制の整備」について規定はしています。
異なるのは、改正前は**「事業を実施する場合には」**としていたこと。つ
まり、これまでは計画策定上は「任意」の位置づけだったわけです。

　それが改正後は、（努力義務ではありますが）**「全国一律で策定を求め
る」**ことになった――これが今改正のポイントです。

## 今改正で固まった包括的支援体制の「土台」

「任意」といえば、今回の改正法で誕生した重層的支援体制整備事業は、
あくまで市町村が任意で行うものです。一方で、地域共生社会の実現に

**■ 社会福祉法に定められている「包括的な支援体制の整備」**

**❶**
地域福祉への住民参加
を促す取り組みなど、
地域住民などが地域福
祉を推進するために必
要な環境整備

**❷**
地域住民などによる地
域課題に関する相談支
援、情報提供、助言など
を行う体制の整備

**❸**
生活困窮者自立相談支
援を行う機関などが、
地域生活課題の解決に
資する支援を行う体制
の整備

**これらが包括的に提供されるための整備を規定**

今改正により、地域福祉計画（都道府県の場合は地域福祉
支援計画）でも、包括的支援体制の整備の盛り込みを明記
（社会福祉法第107条・第108条）

**これまでは任意の位置づけだったが、改正後は全国一律
の努力義務として策定を求めることとなった**

向けては、少なくとも**包括的な支援体制の整備**は全国一律で進めなければなりません。その点については、19ページで述べたとおりです。

ややこしくなってきたので、全体像を整理してみましょう。

全国一律で包括的な支援体制の整備を加速するには、**各種事業計画のどこかで「義務づけ（努力義務）」を明記しなければなりません。**それが今回の地域福祉計画に関する規定の見直しです。

これを全国一律の「土台」としたうえで、任意である重層的支援体制整備事業という「上乗せ」を行うという図式が浮かびます。

ちなみに、前回（2017年）の改正では、地域福祉計画の策定そのものが、やはり「任意」から「努力義務」へと格上げされています。この「努力義務」の中に、今回は包括的な支援体制に関する事項の盛り込みも加わったことになります。自治体にとって、**地域福祉計画の重要度が一気に増した**という点に注意することが必要です。

### ■ 地域福祉計画と重層的支援体制整備事業実施計画の関係

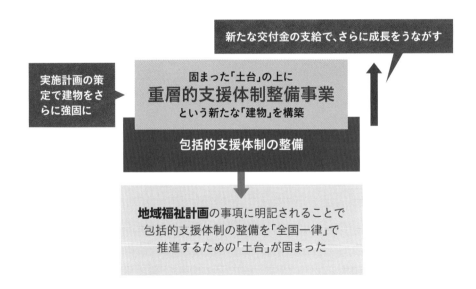

# 重層的支援体制に向け 開催できる会議を規定

ここが変わる！

- ☑ 重層的支援体制整備に際して、事業の円滑な実施のための支援会議を設けることができる
- ☑ 支援会議では、支援対象者に関する意見や情報などを求めることができる

| 2021年4月から施行 |

## 生活課題の解決に向けた意思統一の場

重層的支援体制は、制度の枠を超えた支援を一体的に行うしくみです。当然、幅広い支援機関などがチームでかかわることになります。

そこで必要になるのは、生活課題の解決に向けて、目指すべき方向などを共有しつつ支援に関する意思統一をしっかり図ることです。つまり、支援機関などが**意見や情報を交換する会議体が必要になる**わけです。

改正法（社会福祉法第106条の6第1項）では、この会議（以下、支援会議）を「組織することができる」と定めています。「できる」という任意である点に「消極性」を感じるかもしれません。なぜ、義務づけになっていないのでしょうか。

これは、市町村が進めるべき包括的な支援体制の中で、**すでに多様な機関が参加する会議が出来上がっているケース（介護保険法上の地域ケア会議を活用する場合なども含む）もあるから**です。

そうしたケースでは、改めて新たな会議体を設立するよりも、既存の組織をベースとした方が意思統一は図りやすいこともあります。

逆に、既存の多機関・多職種会議などが十分に機能していない市町村であれば、今回の支援会議の設置をきっかけとして、地域の包括的な支

援体制を進化させることができるかもしれません。

## 支援会議が行うべき「情報交換」と「課題検討」

　この支援会議が行うべきことは、以下の2つです（同法第2項）。
①事業の円滑な実施を図るために必要な「情報交換」を行うこと
②地域住民に対する支援体制に関する「検討」を行うこと

　この2つを実現するうえで、支援会議には一定の「権限」が設けられています。それは、上記の①②を行ううえで必要があると認めるときは、支援機関等に以下を求めることができるというものです（同法第3項）。

　求める対象は、「生活課題を抱える住民・世帯に関する資料または情報の提供」、「意見の開陳」、「その他の必要な協力」です。

　そして、支援会議からこれらの「求め」があった場合、支援機関は「そ

### ■ 支援会議のメンバー構成

| NPO法人や社会福祉法人など、地域生活課題への対応に取組む支援機関 | 市町村が重層的支援体制の事務を委託した者（社会福祉法第106条の4第4項） | 地域課題を抱える住民への支援に従事している者など |

市町村が設置する重層的支援体制
に関する支援会議

事業の円滑な実施のための「情報交換」と
地域住民が日常生活・社会生活を営むうえで
必要な支援体制の「検討」を行う

生活課題の解決に向け、チームで
支援に関する意思統一を図る

れに協力するよう努めるものとする」と定められています(同法第4項)。

## 介護保険法の地域ケア会議の規定との関係

　このように、支援会議には、個人に関する情報なども集まってきます。そのため、当然ながらその取り扱いには厳重な注意が必要です。支援会議に関する定めでは、この点についても取り上げています。

　具体的には、支援会議の事務に従事する者（過去に従事していた者も含む）に対し、**「正当な理由なく、支援会議の事務に関して知り得た情報を漏らしてはならない」こと（守秘義務の徹底）**を求めています（同法第5項）。

　こうした会議体による「求め」や「守秘義務」については、介護保険法にもとづく地域ケア会議（介護保険法115条の48）でも同様の定めがあります。つまり、地域ケア会議が重層的支援に関する支援会議を兼ねているというケースでも同様の扱いがなされるわけです。

### ■ 支援会議の「権限」と「責務」

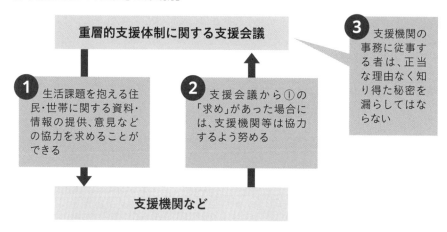

# 重層的支援体制のための
# 新たな交付金を設置

ここが
変わる!

- ✔ 重層的支援体制整備事業を実施する市町村に対し、国と都道府県から新たな交付金を支給
- ✔ 各制度の事業費用のうち、重層的支援体制分の費用を除く読み替えを明記

**2021年4月から施行**

## 各制度のうち新事業として実施した場合に支給

重層的支援体制整備事業にかかる費用は、市町村が負担します。ただし、その一部について**新たな交付金が国から支給**されます（社会福祉法第106条の8）。実際に支給されるのは、以下の①〜⑤（いずれも重層的支援体制整備事業として実施した場合）を合計した金額です。

①拠点にかかる費用として政令で定めた金額の20%

②①について、介護保険の一号被保険者（65歳以上）の年齢・所得分布を考慮したうえで上乗せする分

③介護保険法上の包括が手がける事業のうち、「総合相談支援」や「権利擁護」などに要した費用から導き出した「特定地域支援事業支援額（※）」の50%

※特定地域支援事業支援額…地域支援事業にかかる費用をもとに、二号被保険者（40〜64歳）の負担率を勘案した金額

④生活困窮者自立支援法にもとづく「総合相談支援」や「就労訓練事業の利用あっせん」などにかかる費用として政令で定めた金額の75%

⑤上記以外の費用について、（予算の範囲内で）政令で定めた金額

なお、重層的支援体制整備事業にかかる費用については、国からの交

付金とは別に、都道府県からの交付金も設定されています。

　上記に示した交付金の範囲を見てわかる通り、たとえば①や③などは、これまで介護保険の地域支援事業交付金などで賄われていました。

　しかし、重層的支援体制整備事業として実施するとなると、実質的には、他の制度との一体的な実施となります。そうなれば、**従来の交付金の範囲から外れてしまう可能性**も生じます（18ページ参照）。

　今回の新たな交付金は、上記のような事情を考慮したものです。つまり、**重層的支援体制整備事業として実施する部分については、専用の交付金をあてて各事業にかかる費用を整理する狙いがある**わけです。

　ちなみに、会計上では各制度上の事業にかかる費用から、重層的支援

## ■ 各制度に適用されている従来の交付金等

| | 実施主体 | 事業の性質 | 国費の性質 | 負担割合 |
|---|---|---|---|---|
| **介護**<br>（地域包括支援センターの運営費） | 市町村 | 義務的実施 | 義務的経費<br>（交付金） | 国　38.5％<br>都道府県19.25％<br>市町村19.25％<br>一号保険料23％ |
| **障害**<br>（基幹相談支援センターなど機能強化事業）<br>＋<br>（障害者相談支援事業） | 市町村<br>（複数市町村による共同実施可） | 任意的実施<br>（基幹相談支援センター等の機能を強化する場合に実施） | 裁量的経費<br>（補助金） | 国<br>1／2以内<br>都道府県<br>1／4以内<br>市町村<br>1／4 |
| | | 義務的実施<br>（障害者相談支援事業） | （交付税） | ― |
| **子ども**<br>（利用者支援事業基本型） | 市町村 | ・地域子ども、子育て支援事業自体は市町村が行う「ものとする」とされている<br>・利用者支援事業を含め、実施する事業の組み方については自治体の任意 | 裁量的経費<br>（交付金） | 国<br>1／3<br>都道府県<br>1／3<br>市町村<br>1／3 |
| **生活困窮**<br>（生活困窮者自立相談支援事業） | 都道府県・市・福祉事務所設置町村 | 義務的実施 | 義務的経費<br>（負担金） | 国<br>3／4<br>実施主体<br>1／4 |

出所：「第4回地域共生社会に向けた包括的支援と多様な参加・協働の推進に関する検討会」（2019年7月5日）資料より

体制整備事業として実施した分の費用を除く必要があります。そうした費用の「読み替え」についても、今回の改正法で明記されています（社会福祉法第106条の11）。

## 交付金によるインセンティブの方向性

ところで、2017年の改正では保険者機能強化推進交付金が設けられました。これは、**地域の高齢者の自立支援・重度化防止などに関する施策強化に向け、保険者（市町村）へのインセンティブを図ったもの**です。

今回の交付金も、多様化・複合化する地域課題の解決に向けて、施策を進めやすくするというインセンティブが図られているといえます。

重層的支援体制整備事業は**あくまで「任意」の事業として誕生**しています。新たな交付金がもたらすインセンティブを考えると、国が力を入れている施策の方向性——つまり、介護を含め、あらゆる制度を包括化していくという流れがはっきりと見えてきます。

### ▍介護保険における新交付金の位置づけ

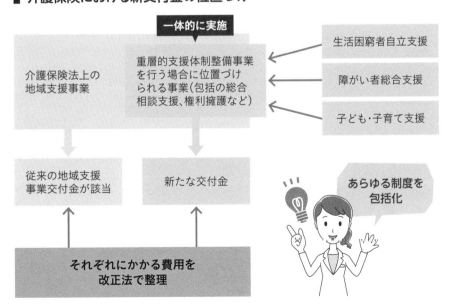

45

# 社会福祉連携推進法人が創設された背景

ここが変わる！

- ☑ 包括的な支援を担う社会福祉法人の基盤を強化するために社会福祉連携推進法人が誕生
- ☑ 社会福祉法人やNPO法人が「社員」となることで、双方の業務連携を推進 **公布日から2年以内に施行**

## 成長戦略で示された社会福祉法人等の協働化・大規模化

　地域の生活課題が多様化・複合化するなか、その解決に向けた包括的な支援の強化策として、重層的支援体制整備事業が誕生しました。

　新事業では、地域共生社会の理念のもと、地域住民自らも「課題発見者」「支援」として参画していくことを目指しています。

　しかし、高齢者自身も「支え手」に回ることなどを想定した一方で、課題も少なくありません。**地方を中心に、高齢者も将来的には減少するなど、全世代の人口が減っていくという流れ**が進んでいるからです。

　そうなると、支え手を組織するしくみのあり方も、根本から見直す必要があります。たとえば、地域の社会福祉法人が支援機関の中核をなすとしても、単独では発揮できる機能が限られることになります。

　これを解決するため、複数の社会福祉法人が手がける事業を**「協働化・大規模化」する方法**が提起されました。これは、2019年6月に政府が閣議決定した「成長戦略フォローアップ」でも明記されています。

　この協働化・大規模化を、具体的にどのように進めればいいのでしょうか。これを検討したのが、厚労省の「社会福祉法人の事業展開等に関する検討会」です。同検討会の報告書では3つの方法が示されましたが、

その１つが今改正法に反映された**社会福祉連携推進法人を認定するしくみの創設**です（社会福祉法第125条）。

## 協働化・大規模化のための３つの方法とは？

　まず、報告書にある３つの方法を確認しましょう。

①**社会福祉協議会を核として、都道府県下（つまり広域）の社会福祉法人同士が連携する方法**。これを推進するため、厚労省は2018年度から「小規模法人のネットワークによる協働推進事業」を実施している。

②**希望する法人が合併・事業譲渡に円滑に取り組めるよう環境整備を図ること**。これを実現するには、社会福祉法人の会計処理について整理したうえで（専門の検討会が開催中）、ガイドラインが策定される予定。

③**社会福祉法人を核とする、非営利の連携法人制度を設ける方法**。この

### ▎社会福祉法人同士が連携していくうえでの3つの手法

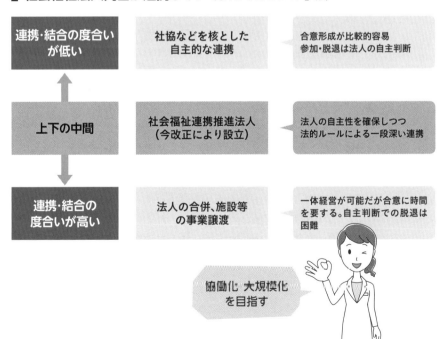

しくみを制度化したのが、今改正の社会福祉連携推進法人となる。

## 主体性を発揮しつつ、より緩やかな連携の手法

　これまで、社会福祉法人同士が連携していくうえでは、①か②が選択肢となっていました。これを後押ししていくうえで、国は予算措置やガイドラインの作成に着手してきたわけです。

　しかし、**地域に根差した社会福祉法人の自主性を発揮しつつも、（合併・譲渡のような）法的ルールの整った一段深い連携はできないか**──こうした現場ニーズも少なからずありました。こうしたニーズを受け、①と②の中間的な選択肢として位置づけたのが③というわけです。

　母体は非営利の一般社団法人ですが、その社員となるのは社会福祉法人やNPO法人です。同じ法人の社員となることで、双方の業務連携などを円滑に進めるというのが今改正の目的です。

### ■ 社会福祉連携推進法人の活動イメージの例

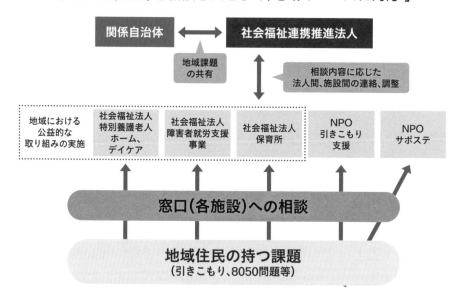

[ 各社員（施設）を相談窓口として、地域のニーズに対応 ]

# 社会福祉連携推進法人の具体的な業務

ここが
変わる!

☑ 社会福祉連携推進法人の認定を受けるうえで、対象となる業務が規定されている
☑ 災害時の法人間支援など、ニーズが高まっている事業にも注目　　公布日から2年以内に施行

## 認定に際して規定される対象業務は6つ

　新たに制度化された社会福祉連携推進法人は、具体的にどのような業務を手がけるのでしょうか。この法人は所轄庁の認定を受けることができますが、認定に際して規定される業務は以下の6つです（社会福祉法第125条第1項各号）。

①地域福祉の推進に関する取り組みを、社員が共同して行うための支援

②災害が発生した場合に、社員が提供する福祉サービスの利用者の安全について、社員が共同して確保するための支援

③社会福祉事業の経営方法に関し、社員間の知識共有を図るための支援

④社員が社会福祉事業に関する「業務を行うのに必要な資金」を調達（資金の貸付など）するための支援として、厚労省令で定めるもの

⑤社員が経営する社会福祉事業において、従事者を確保したり、その資質向上を図るための研修

⑥社員が経営する社会福祉事業に必要な設備または物資の供給

　なお、ここでいう「社員」とは、連携する社会福祉法人やNPO法人などのことを指しています。ただし、②、③、⑤、⑥については「社会福祉事業を経営する者」に限っており、④は「社会福祉法人」に限って

います。

## 大規模災害に際しての法人間連携も重要課題

　包括的な支援体制の強化という点については、49ページの①が該当します。しかし、それ以外も近年の地域福祉推進においては重要なテーマです。

　たとえば、②、⑥については、**東日本大震災や毎年のように発生している豪雨災害、あるいは今回の新型コロナウイルス感染症の拡大などのケースが想定**されます。いずれも、被災等を受けた施設などに対し、いかに応援職員の派遣や物資の供給を行うかが大きな課題です。

　また、大規模な震災の場合、利用者が外部のさまざまな施設等に避難していると、その安否確認などにも困難がともないます。

　その際に、連携する法人を束ねる機関があれば、上記のような安否確

**■ 災害時における社会福祉連携推進法人の役割の例**

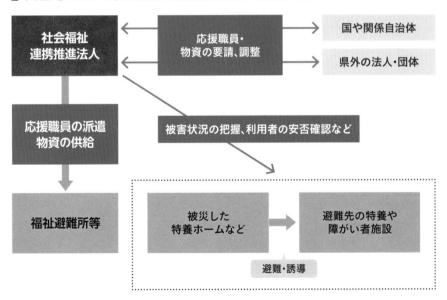

認などを円滑に行うことも可能になるわけです。

## 共同での人材確保・育成などもますます重要になる

　近年の大きな課題としては、⑤の人材確保や育成も見逃せません。

　特に小規模な法人の場合は、単独で人を集めたり育てたりすることは限界があります。これからの時代、外国人介護人材の積極的な受入れが不可欠となる中で、そのノウハウも幅広い共有が求められます。

　ここで、連携推進法人がかかわることができれば、**広域での人材のリクルートやマッチングが可能**になります。法人間での共同研修の実施が容易になることで、プログラムの充実や講師の手配も進み、地域全体での人材のスキルアップを図ることにもつながります。

　さらに、③でいえば、国が進めようとしている**現場業務の改革（ICT等活用や業務の割り振りの効率化など）**について、1つの法人の成功事例などを共有しやすくなるというメリットもあります。

### ▌人材確保・育成に関する社会福祉連携推進法人の役割の例

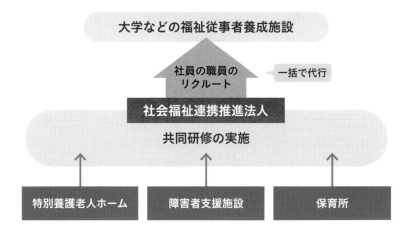

# 社会福祉連携推進法人の認定を受けるための条件

ここが変わる！

☑ 社会福祉連携推進法人の認定を受けるには、推進方針や定款などを所轄庁に提出する

☑ 申請を受けた所轄庁は、「基準に適合しているか」をチェック

公布日から2年以内に施行

## 連携推進方針に記すべきものは何か？

社会福祉連携推進法人の認定（正しくは「社会福祉連携推進認定」）を受けるには、まず**必要書類を揃えての申請**を行わなければなりません。

申請書類は、大きく分けて4種類になります。①厚労省令で定めた申請書、②定款、③社会福祉連携推進方針、④その他厚労省令で定める書類です（社会福祉法第126条第1項）。

①④は厚労省令を参照してください。注意すべきなのは③です。これについては、今改正法で以下のように記載すべき事項が定められています（同法第2項）。

**a.社員の氏名、または名称**…社会福祉法人やNPO法人が「社員」になるケースもあることから「名称」記載も求められます。

**b.社会福祉連携推進業務の内容とその実施地域**…業務内容については、前項で述べた6つのうちのいずれかについて、その詳細を記します。

なお、前項で述べた業務のうち、「社員が社会福祉事業を行ううえでの資金調達の支援（貸付など）」を行う場合には、**「支援を受けようとする社員」**と**「その支援内容」も同時に記す**必要があります。

お金にかかわることなので、厳格さが求められるわけです。

## 認定には7つの基準に適合することが必要

さて、申請されると所轄庁は**「基準に適合しているかどうか」**をチェックしたうえで認定を行います。その基準は以下のとおりです。

Ⅰ．設立の目的が、次の内容にすべて合致しているか

・社員の社会福祉に関する業務の推進

・地域における良質かつ適切な福祉サービスの提供

・社会福祉法人の経営基盤の強化に資すること

Ⅱ．社員の構成が、次の内容にすべて合致しているか

・社会福祉法人のほか、社会福祉事業を経営する者

・社会福祉法人の経営基盤を強化する者として厚労省令で定める者

・社会福祉法人は、全社員の過半数であること

Ⅲ．申請者が、申請業務を適切かつ確実に行うに足りる「知識」「能力」

### ▌「定款」に記すべき事項について

❶法人の目的や名称、所在地、社員の得喪に関する規定など

❷社員による議決権について

❸理事6人以上、監事2人以上を置く旨など

❹代表理事を置く旨

❺理事会に関する事項

❻評議会を置く旨や構成員の選任・解任の方法

❼資産、会計、解散、清算に関する事項

❽定款の変更に関する事項

評議会とは：福祉サービスを受ける立場にある者、福祉関係団体、その他の有識者で構成。連携推進法人の活動について、推進方針に照らして評価を行ったり意見を述べる。評価の結果は公表される

「財産的基礎」を有していること

Ⅳ．社員の資格を付与するにあたり、Ⅰの目的に照らして、不当に差別的な取り扱いをしたり不当な条件を付していないこと

Ⅴ．定款において、必要な事項を記載していること（詳細は53ページ図参照）

Ⅵ．その他、厚労省令で定める要件に該当するものであること

以上をもって、所轄庁による認定を受けると公示されます。

## 認定後に取り消し処分を受けることもある

ただし、欠格事由（暴力団員等がその活動を支配するなど。その他については図参照）に該当する場合には認定が受けられません（社会福祉法第128条）。また、認定後に欠格事由に至った場合などは認定を取り消されます。

さらに、所轄庁の監督により、認定条件に適合しなくなったり重大な違反があった場合には、取り消し処分を受けることもあります。

### ▌認定に際しての「欠格事由」（社会福祉法第128条）

**❶ 理事・幹事に以下の者がいること**

- ●別の連携推進法人で理事を務め、その際に取り消し処分を受けていて、その取り消しから5年が経過していない場合
- ●社会福祉に関する法律で罰金以上の刑に処せられ、その執行を受けることがなくなった日から5年を経過しない者
- ●禁固以上の刑に処せられ、その執行を受けることがなくなった日から5年を経過しない者
- ●暴力団員など

**❷ 連携推進法人の取り消し処分を受けてから5年が経過していない場合**

**❸ 暴力団等がその事業活動を支配している場合**

# 社会福祉連携推進法人の果たすべき義務

ここが
変わる!

☑ 社会福祉連携推進法人について、4つの責務に努めることを求めている
☑ 職業安定法との関連や財産の取り扱いについても規定がある

公布日から2年以内に施行

## 新法人は「間接的」に地域福祉の向上を図る

　社会福祉連携推進法人には、目的の業務を推進するうえでの義務があります。まず**「努めること」**として、次の4つが規定されています（社会福祉法第132条第1項）。

①社員の社会福祉に関する業務上の「連携」を推進すること

②①に際して、運営の「透明性」を確保すること

③地域における「良質かつ適切」な福祉サービスの提供に資する役割

④社会福祉法人の「経営基盤の強化」に資する役割

　ここで重要なのは、あくまで「連携」の推進によって、**間接的に地域福祉の向上を図る**という点です。つまり、連携推進法人自体が直接的に社会福祉事業を手がけることはできないわけです。

　さらに、社員、理事、監事、職員等の関係者に対して、特別の利益を与えてはならないといった高い倫理観も求めています（同法第2項）。

　なお、実際に社会福祉事業を手がけるのは同法人の「社員」ということになりますが、その際は連携推進法人のメンバーである旨の明示が必要です（社会福祉法第133条）。

## 「人材確保」事業についても特別な規定がある

　ところで、社会福祉連携推進法人の役割の中には、社員が運営する社会福祉事業に従事する**「人材の確保」**があります。介護・福祉人材の不足が大きな地域課題となっている中では、重要な役割といえます。

　この「人材の確保」について、改正法では特別な規定があります。

　たとえば、連携推進法人が、社員である社会福祉法人等の委託を受ける形で人材募集をかけるとします。こうした「委託募集」の場合、本来であれば職業安定法の規定によって、委託する側は厚労大臣の許可を受けなければなりません（無報酬の場合でも届出が必要）。

　これに対し、今改正法では、連携推進法人への委託については**職業安定法の規定は適用せず、新たに制定される厚労省令に則る**こととしています（社会福祉法第134条第1項・第2項）。もちろん、法律上の縛りが緩くなるわけではなく、連携推進法人としての「あるべき責務」に則って改めて規制をかけたわけです。

### ▌社会福祉連携推進法人による「人材の確保」

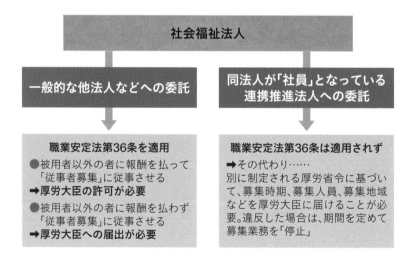

## 事業財産の取り扱いについても厳しい制限がある

　社会福祉連携推進法人については、その事業財産の取り扱いも法律上の規制を受けます。具体的には、寄附や補助金、活動の対価などで得た財産について、**社会福祉連携推進業務を行うために使用・処分しなければならない**というものです（社会福祉法第137条）。連携推進業務以外で得た財産についても、厚労省令で定める割合分は同様の取り扱いになります。

　こうした規定を見ると、企業会計並みに財産の取り扱いが厳しく制限されていることになります。これまでの緩やかな連携スタイルと比べると、**高い公益性を維持するためのガバナンス**を働かせたといっていいでしょう。今改正法により、社会福祉事業のあり方に「質」が求められる時代になったと考えたいものです。

### ▌ 社会福祉連携推進法人の「財産」

厚労省令で定める場合を除く

以下の財産は、社会福祉連携推進業務のために
使用・処分すること（社会福祉法第137条）

1. **連携推進法人の認定を受けた後に発生した財産のうち……**
   ①寄附を受けた財産
   ②交付を受けた補助金等
   ③連携推進業務に関する活動の対価
   ④連携推進業務以外で生じた収益のうち厚労省令で定めた割合分
   ⑤①〜④を支出することにより取得した財産

2. **連携推進法人の認定を受ける前に発生した財産のうち……**
   連携推進業務の用に供するものである旨を表示したもの

3. **その他、厚労省令で定める財産**

# 今改正の土台となる認知症施策推進大綱

ここが変わる！

- ✅ 認知症施策の総合的な推進に向けて、介護保険法上の国と自治体の責務を見直した
- ✅ 2019年策定の認知症施策推進大綱に基づいて介護保険法を改正 　大綱に沿った改革が進行中

## 認知症に関する介護保険法の見直し点

　介護保険法では、第5条で国と自治体の責務を記しています。その責務の軸の1つと位置付けているのが、**認知症施策の総合的な推進**です（第5条の2という形で独立した条項となっています）。

　今改正では、この認知症施策の総合的な推進について、抜本的な見直しが行われました。ポイントは以下の4つです（2021年4月から施行）。

①介護保険法における「認知症の定義」を見直したこと

②認知症の予防や診断、リハビリ、介護方法などについての調査研究等について、さらに「発展」させる旨を示したこと

③認知症の「当事者」に対する支援体制の強化を示したこと

④認知症の人の地域における「共生」を目指したこと

　いずれも努力義務ではありますが、従来の認知症施策に関する条文と比較すると、国や自治体が「なすべきこと」とされた事項1つひとつに、さまざまな踏み込みが見られます。

　さらに、市町村が策定する介護保険事業計画（介護保険法第117条）についても、認知症施策の総合的な推進が「定めるべき努力義務事項」の中に追加されています。

## 今改正の土台となる認知症施策推進大綱

認知症施策の総合的な推進に関する今回の見直しは、2019年6月に政府が閣議決定した**認知症施策推進大綱**に基づくものです。

政府は、2015年に**認知症施策総合推進戦略（新オレンジプラン）**を策定し、認知症ケアに関する人材育成や支援体制の整備について、さまざまな数値目標を設定するなどの取り組みを行ってきました。

一方で、人口の高齢化にともない、認知症の人の数も増え続けています。団塊世代が全員75歳以上を迎える2025年には、認知症の人の数が最大で730万人（65歳以上の5人に1人）に達する推計もあります。

そうしたなか、「認知症の人が地域で自分らしく暮らし続ける」ための体制づくりに向けて、さらに踏み込んだ施策展開が望まれています。そのための重点課題や具体的な工程表を示したのが、今回の大綱です。

### ■ 認知症の人の将来推計

| 年 | 平成24年<br>(2012) | 平成27年<br>(2015) | 令和2年<br>(2020) | 令和7年<br>(2025) | 令和12年<br>(2030) | 令和22年<br>(2040) |
|---|---|---|---|---|---|---|
| 各年齢の認知症有病率が一定の場合の将来推計人数（率） | 462万人<br>(15.0%) | 517万人<br>(15.7%) | 602万人<br>(17.2%) | 675万人<br>(19.0%) | 744万人<br>(20.8%) | 802万人<br>(21.4%) |
| 各年齢の認知症有病率が上昇する場合の将来推計人数（率） | | 525万人<br>(16.0%) | 631万人<br>(18.0%) | 730万人<br>(20.6%) | 830万人<br>(23.2%) | 953万人<br>(25.4%) |

出所：「日本における認知症の高齢者人口の将来推計に関する研究」（2014年度厚生労働科学研究費補助金特別研究事業 九州大学・二宮教授による速報値より）

団塊世代が全員75歳以上を迎える2025年には、65歳以上の5人に1人が認知症になるという推計がある

## 地域での認知症施策のテーマは共生と社会参加

　この大綱での施策テーマは、以下の5つに整理されています。①普及啓発・本人発信支援、②予防、③医療・ケア・介護サービス・介護者への支援、④認知症バリアフリーの推進・若年性認知症の人への支援・社会参加支援、⑤研究開発・産業促進・国際展開という具合です。

　今回の法改正も、この5つのテーマが反映されています。

　特に、自治体が今後取り組むべき施策として重視されるのは、今回の法改正全体のテーマでもある**「共生と社会参加」**でしょう。

　つまり、認知症の当事者やその家族が、**主体的に地域社会とかかわっていけるための環境づくり**が求められるわけです。その目標に向け、自治体と介護事業者・施設の連携強化も進んでいくと予想されます。

### ■ 認知症施策に関するこれまでの主な取り組み

**2000年**
介護保険法施行(グループホームを法定化など)

▼

**2004年**
「痴呆」→「認知症」へ用語変更

▼

**2005年**
認知症サポーターの養成開始

▼

**2012年**
認知症施策推進5カ年計画(オレンジプラン)

▼

**2014年**
認知症サミット日本後継イベントの開催

▼

**2015年**
認知症施策総合推進戦略(新オレンジプラン)

▼

**2017年**
介護保険法改正(介護者支援の施策推進など)

▼

**2019年**
認知症施策推進大綱

▼

**2020年**
介護保険法改正(国や自治体の責務の強化)

**今改正で、国や自治体の「なすべきこと」にさまざまな踏み込みが見られる**

# 認知症の予防・診断・介護方法等の調査研究

ここが変わる！

☑ 認知症に関する調査研究について、その成果の普及やさらなる発展も責務として明記
☑ 認知症の条文上の規定が将来まで見すえたものに変更

2021年4月から施行

## 「予防」施策への懸念の声への対応

　今改正の土台となる認知症施策推進大綱では、「予防」というテーマを特に重点的に打ち出しています。具体的には、**「予防」に関するエビデンスの収集・分析を進めて、「予防」に関する手引きを作成する**というものです。

　この「予防」を打ち出したことについては、認知症の人やその家族などから違和感を訴える声が上がりました。それは、認知症の発症原因がよくわかっていないなかで、「認知症にならないようにする」という部分だけが強調されてしまうと、「認知症になる人は努力が足らない」という偏見が生じやすくなる懸念を訴えたものです。

　そのため、政府は「予防」に関する数値目標を大綱から外し、「予防」についての定義も以下のように設定しました。

①認知症の発症を遅らせたり、発症リスクを低減したりする（一次予防）
②早期発見・早期対応（二次予防）
③機能維持やBPSD（行動・心理症状）への予防・対応（三次予防）

　③にあるように、「中核症状が進んでも、BPSDの悪化を防いだり緩やかにしたりする」ということも含めての「予防」としたわけです。

## 調査研究の成果の「活用」からさらに先へ

　いずれにしても、大綱では上記の①〜③を進めるためのエビデンスに関する調査研究を重視しています。このテーマが、今回の法改正ではどのように反映されたのでしょうか。

　もともと今改正前から、予防、診断、治療、認知症の人の心身の特性に応じたリハビリや介護方法について、その「調査研究を進めて、その成果を活用する」ことが、国や自治体の責務と定められていました。

　**ここに「成果の普及」や「（活用後に）再び発展させる」ことがプラス**されました。つまり、いかに広く行き渡らせるか、そしてPDCAサイクルのもとでいかに進化させるかに踏み込んだことになります。

　この調査研究に向けた踏み込みは、Part 8で述べる介護などのデータベース（DB）の活用にも連動しています。介護事業者としても、DBから得られた最新の介護手法などが、将来的な報酬・基準に反映される可能性も頭に入れておく必要がありそうです。

### ■ 認知症施策推進大綱で示された「予防」の取り組み

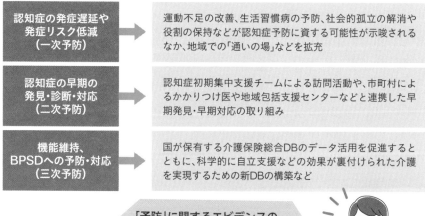

| 認知症の発症遅延や発症リスク低減（一次予防） | → | 運動不足の改善、生活習慣病の予防、社会的孤立の解消や役割の保持などが認知症予防に資する可能性が示唆されるなか、地域での「通いの場」などを拡充 |
| 認知症の早期の発見・診断・対応（二次予防） | → | 認知症初期集中支援チームによる訪問活動や、市町村によるかかりつけ医や地域包括支援センターなどと連携した早期発見・早期対応の取り組み |
| 機能維持、BPSDへの予防・対応（三次予防） | → | 国が保有する介護保険総合DBのデータ活用を促進するとともに、科学的に自立支援などの効果が裏付けられた介護を実現するための新DBの構築など |

「予防」に関するエビデンスの収集・分析を進めて、手引きの作成もする

## 将来の研究を見すえ「定義」にも変更が行われた

さて、認知症に関する調査研究が加速すれば、今まで認知症について解明されていなかったことも明らかになっていくかもしれません。

そうなった時、そもそもの**認知症の定義が変わる**ことも想定されます。そこで、今改正では認知症に関する規定の変更も行われました（介護保険法第5条の2第1項）。具体的な変更点は以下のとおりです。

①今わかっている範囲内で「アルツハイマー病や脳血管疾患」などの認知症の原因疾患を整理したこと

②将来的な変更も視野に入れて「政令で定める」としたこと

こうした規定の変更により、今後の認知症に関する普及啓発などの取り組みにも影響がおよびそうです。

### ■ 認知症に関する条文上の「定義」（介護保険法第5条の2第1項）

| 改正前 | 改正後 |
|---|---|
| 脳血管疾患、アルツハイマー病、その他の要因にもとづく脳の器質的な変化により…… | アルツハイマー病その他の神経変性疾患、脳血管疾患その他の疾患により…… |
| 日常生活に支障が生じる程度にまで、記憶機能およびその他の認知機能が低下した状態 | 日常生活に支障が生じる程度にまで、認知機能が低下した状態として政令で定める状態 |

①アルツハイマー病を「神経変性疾患」の分類に位置づけ
②アルツハイマー病と脳血管疾患の位置づけを変更
③「記憶機能の低下」を定義から外し「認知機能の低下」で統一
④将来的な定義変更をにらみ、「政令で定める」と規定

# 認知症の本人への
# 支援をさらに明確に

ここが
変わる！

- ☑ 認知症の当事者にとって「暮らしやすい社会」の実現が、国や自治体の明確な責務になった
- ☑ 社会のバリアフリー化など、大綱で示された施策の推進が視野に入れられた　**2021年4月から施行**

## 本人にとっての「困りごと」解決に焦点をあてる

　認知症施策に関する国や自治体の責務、その2つめのポイントが、**「認知症の当事者」への支援体制**の整備についてです。

　改正前は、「認知症の人を介護する人（家族など）への支援」を前面に出しつつ、「その支援のための人材確保と資質の向上」に焦点を当てていました。改正法でもこの部分に変わりはありませんが、上乗せで強調されているのが、先の「認知症の当事者」を支援の対象とする点です（介護保険法第5条の2第3項）。

　この「当事者」への支援体制とは、具体的に何を指すのでしょうか。法案の土台となる認知症施策推進大綱で確認してみましょう。

　注目したいのは、**「認知症バリアフリーの推進」**や**「（本人の）社会参加支援」**です。これは、認知症になることで、買い物や移動、趣味活動など、地域のさまざまな場面で外出や交流の機会が減り、結果として「生活のしづらさ」が増しているという状況を念頭においたものです。

　この「困りごと」を解決するために、「生活のしづらさ」を生み出している障壁をなくし（バリアフリー化）、本人が自分らしく暮らすための「社会参加」を推進するというわけです。

　このバリアフリーの推進について、大綱では具体的な取り組みの方向性として、以下の13の項目をあげています。

　①「バリアフリー法」にもとづく**ハード面のバリアフリー化**推進とともに、**移動、消費、金融、小売り等の環境改善**に向けた好事例の収集

　②**認知症の人の移動手段の確保**に向けて、地域の公共交通機関の活性化や交通事業者の接遇向上、自動運転移動サービスの実現などを推進

　③（運転者が認知症になった場合等を想定し）**交通安全の確保**を推進

　④見守りなどを行うサービス付き高齢者向け住宅の整備を支援するなど、認知症の人を含む**高齢者の住宅の確保**を推進

　⑤認知症カフェの取り組みや認知症サポーターによる見守り活動、その他包括的な支援体制の推進など、**地域支援体制を強化**

## 経済、金融、保険に関する施策もターゲットに

　⑥認知症に関する取り組みを実施している**企業などの認証制度や表彰**

　⑦認知症の当事者の意見を踏まえた**商品・サービス開発**を推進

　⑧後見制度支援のための信託や預貯金など、**認知症の人の経済生活を**

### ■ 認知症施策推進大綱でかかげられた「バリアフリー」に関する目標

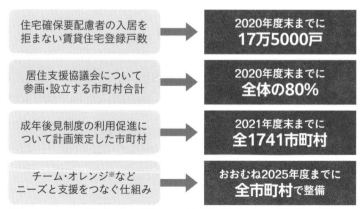

| 住宅確保要配慮者の入居を拒まない賃貸住宅登録戸数 | → | 2020年度末までに**17万5000戸** |
| 居住支援協議会について参画・設立する市町村合計 | → | 2020年度末までに**全体の80％** |
| 成年後見制度の利用促進について計画策定した市町村 | → | 2021年度末までに**全1741市町村** |
| チーム・オレンジ※などニーズと支援をつなぐ仕組み | → | おおむね2025年度までに**全市町村**で整備 |

※チーム・オレンジ…認知症の本人・家族のニーズと、認知症サポーターを中心とした支援とをつなぐための多機関ネットワーク

支援するための金融商品開発を推進

⑨⑧の活用なども前提とした、**成年後見制度の利用**を促進

⑩認知症の人を狙う**消費者被害を防止する施策**を推進

⑪**虐待防止**のための地域ネットワークづくりなどを推進

⑫認知症に関するさまざまな**民間保険**を推進

⑬認知症がある**高齢受刑者などへの福祉的支援**を推進

　以上のことからわかるとおり、認知症の人が暮らしやすい社会づくりは、すべての人の「暮らしやすさ」につながるという考え方がベースとなっています。

## ■ 地域支援体制の強化の対象者と主な取り組みの関係

| 主な対象者と取り組み内容 | ❶ 認知機能の低下のない人、プレクリニカル期の人<br>認知症の発症を遅らせる取り組み（一次予防）の推進 | ❷ 認知機能の低下のある人（軽度認知障害MCIを含む）<br>早期発見・早期対応（二次予防）、発症後の進行を遅らせる取り組み（三次予防）の推進 | ❸ 認知症の人<br>認知症の人本人の視点に立った「認知症バリアフリー」の推進 |
|---|---|---|---|

地域支援体制の強化

| 地域の見守り体制の構築支援 ❶❷❸ | 地域の見守り体制の構築を支援する※ |
|---|---|
| 見守り・探索に関する連携 ❷❸ | ・認知症の人が行方不明になった際に、早期発見、保護ができるよう既存の探索システムを把握し、広域探索時の連携体制を構築<br>・探索ネットワークづくりやICTを活用した探索システムの普及<br>・厚生労働省ホームページ上の特設サイトの活用による、地方自治体に保護されている認知症高齢者等の情報へのアクセス環境を整備 |
| 地方自治体などの取り組み支援 ❶❷❸ | ・地域共生社会の実現に向けて、地域共生に資する多様な地域活動の普及、促進を図るとともに、断らない相談支援、伴走型支援を行う包括的な支援体制等について検討<br>・自治体による介護予防、日常生活支援の事例等をまとめた「これからの地域づくり戦略」（2018年3月厚生労働省作成）の冊子を活用し、自治体との意見交換を行うことで地域づくりを推進<br>・自治体などに対し、ヘルプカードを周知し、利用を促進 ❷、❸対象 |
| 認知症サポーターとのマッチング支援 ❷❸ | ステップアップ講座を受講した認知症サポーターなどが支援チームをつくり、認知症の人やその家族の支援ニーズに合った具体的な支援につなげる仕組み（「チームオレンジ」）を地域ごとに構築する |

※特に以下の活動に対する支援を行う

| 対象者 | 活動 |
|---|---|
| 認知症サポーター | 認知症の人の見守り活動 |
| 居住支援協議会、居住支援法人 | 高齢者などの見守り活動、生活支援 |
| 地域運営組織 | 支援 |

出所：認知症施策推進関係閣僚会議「認知症施策推進大綱」(2019年6月18日)より

# 認知症の人の尊厳保持と地域での共生を目指す

ここが
変わる！

- ☑ 認知症施策の推進において、本人の尊厳保持と他の人々との共生への配慮が必要になった
- ☑ 認知症施策推進大綱では、社会参加支援が本人の発信支援として具体化された **2021年4月から施行**

## 国と自治体が果たすべき責務に「横軸」が追加

　ここまで述べた「国と自治体の責務」を果たすうえでは、認知症の人とその家族の意向を尊重することが求められています。いわば、認知症施策を推進するうえで通された「横軸」にあたります。

　たとえば、認知症施策推進大綱を策定するうえでも、認知症の当事者や家族からのヒアリングが行われています。また、前項の認知症バリアフリーを実現するための商品・サービスなどの開発においても、「認知症の当事者の意見を踏まえる」としています。

　今改正では、この「横軸」に新たな条文が追加されました（介護保険法第5条の2第4項）。それは、**「認知症である者が地域社会において尊厳を保持しつつ、他の人々と共生することができるように努めなければならない」**というものです。ここでも、今改正のテーマである**「共生」**が登場しています。

　では、認知症の人が「共生できる」ようにするとは、どういうことでしょうか。先の大綱に照らすと、以下のようになります。
①認知症の人が、「尊厳と希望をもって認知症と共に生きる」こと
②認知症の有無にかかわらず、「同じ社会で共に生きる」こと

多くの人々が「共生」していける社会が、いま目指されているのです。

## 「本人からの発信」による双方向性を支援

①を実現するうえでは、前項で述べた「生活のしづらさ」を解消するための認知症バリアフリーも重要な施策の1つとなります。

しかし、②のビジョンと絡めた場合には、さらに踏み込むことが必要です。それは、**認知症の人やその家族に対する「一方向の支援」というのではなく、認知症の人をめぐるさまざまな人々との「双方向のやり取り」**の中から、新たな社会づくりを目指していくということです。

双方向ですから、認知症の人自身が「こうしたい、こうありたい」という思いを発信する機会とともに、そのサポートが必要です。

先の大綱では、これを「本人からの発信支援」と位置づけて、そのための具体的な施策もかかげています。

### ▌認知症の人の「本人発信」をめぐる施策とトピック

**認知症と共に生きる希望宣言**

「認知症とともに暮らす本人」一人ひとりが、自らの体験と思いを言葉にしたもの。希望を持って前を向き、自分らしく暮らし続けることを目指し、2018年11月、日本認知症本人ワーキンググループ（JDWG）が表明

**キャラバンメイト大使（仮称）**

認知症サポーター養成講座などで講師役を務めているのが、「キャラバンメイト」。そのキャラバンメイトの応援者を認知症の人が務めるという取り組み。同大使を全都道府県に設置することが検討されている

**本人ミーティング**

認知症の本人が、自身の希望や必要としていることなどを本人同士で語り合うという機会。市町村は、こうした場などを通じて本人の意見を把握し、本人視点による施策の企画・立案に反映するよう努めることになる

# 認知症の人による「社会貢献」という視点

また、「同じ社会で共に生きる」というビジョンを描いた場合、**認知症の人自身が何らかの形で「社会に貢献していく」**ことも、「尊厳の保持」においては重要なファクターとなってきます。

この点について、大綱では、**認知症の人が「支えられる側だけではなく、支える側として役割と生きがいをもって生活ができる環境づくり」**に踏み込んでいます。具体的には、「介護予防にもつながる農業、商品の製造・販売、食堂の運営、地域活動やマルシェの開催」などがあげられ、これらに参画する取り組みを支援するとしています。

こうした取り組み支援が国の責務となった以上、次項で述べるように介護保険事業にも深いかかわりが生じてくることになりそうです。

## ■ 社会参加活動や認知症予防のための体制整備

認知症の人をはじめとする高齢者の中には、「これまでの経験等を生かして活躍したい」との声が少なくない。地域で「生きがい」をもった生活や介護予防に資するよう、認知症地域支援推進員の取組として、社会参加活動のための体制整備を地域支援事業に位置づけ

誰もが「自分らしく」
活躍できる
社会を目指す

### 具体的な取り組み例
- 市町村が適当と認めた事業者による農業、商品の製造・販売、食堂の運営、地域活動等の社会参加に対する支援
- 社会参加活動を行うにあたり、事業者に専門家を派遣する等により活動を実施するために必要な助言や、十分なノウハウを有していない者に対する技術・専門知識の指導・助言
- 市町村が適当と認めた事業者によるマルシェ等イベントの開催支援
- 社会参加活動に関する好事例を収集し、関係者で共有するなどの意識啓発
- 社会参加活動を行うために必要な農業生産者や企業などとのマッチング支援

2020年度予算に関する取り組みについては、各市町村に問い合わせが必要

### 支援対象となる主な経費内容
- 作業実施の指導・訓練に関する人件費（農家等への謝礼）や介護支援が必要な場合の人件費
- 作業実施のための諸経費（器具の購入）やイベント（マルシェ）の開催
- 商品の売り上げは、支援の対象者である高齢者の有償ボランティアの謝金等として事業費に充てつつ、不足部分を支援

※1市町村あたり、3カ所の実施を想定（財源の範囲内で1市町村あたり、最大5カ所まで）

出所：厚生労働省「一般介護等の推進方策に関する検討会（2019年7月19日）」資料をもとに作成

# 介護保険事業計画でも認知症施策の事項を拡充

ここが変わる！

- ✓ 市町村の策定する介護保険事業計画で、認知症施策の詳細な規定が見直された
- ✓ 教育や地域づくり、雇用など、大綱で示された具体策も法律で明記された　**2021年4月から施行**

## 独立条項へと格上げされた認知症関連施策

　認知症施策に関する自治体の責務が強化されたことにより、市町村（保険者）が策定する介護保険事業計画の規定も見直されました。

　これまで、「認知症施策」に関しては、他の地域支援事業（包括的支援事業）と同じ条項内でまとめられていました。それが、今回の改正によって、**盛り込むべき内容が独立した条項へと格上げ**されています（介護保険法第117条第3項第7号）。

　その内容を整理すると、以下のようになります。

①認知症である被保険者が、地域で自立した日常生活を送れるようにするための支援に関する事項

②認知症に関する教育、地域づくり、および雇用に関する施策事項

③認知症について、その他の関連施策との有機的な連携に関する事項

④その他の認知症に関する総合的な施策に関する事項

　特に②に関しては、教育（普及啓発）、地域づくり（認知症バリアフリー）、雇用（社会参加）など、大綱での施策が明確に反映されています。

　そのうえで、③との関連が重要になってきます。ここでは「その他の関連施策との有機的な連携」となっており、「地域支援事業以外の施策」

との連携も視野に入ってくるわけです。

そうなると、介護給付に関する施策との連携も含まれる可能性があります。たとえば、先の大綱の中の「社会参加」の部分を見ると、以下のように記されています。**「通所介護などの介護サービス事業所における、認知症の人をはじめとする利用者の社会参加や社会貢献の活動を後押しするための方策について検討する」**というものです。

仮に、2021年度の報酬・基準改定で「認知症の人の社会参加や社会貢献」を後押しするしくみが拡充されれば、保険者としても介護事業者への認知症施策に関する協力要請が増えてくるかもしれません。

事業所としては、次期改定の議論で注意したいポイントです。

## ▌一部の通所系事業所で進んでいる社会参加支援

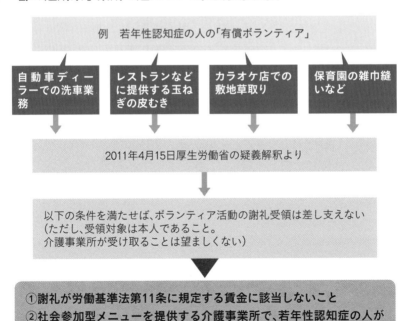

出所：厚生労働省「社会保障審議会・介護給付費分科会（2017年6月21日）」資料をもとに作成

# 深刻化する従事者不足に 国が打ち出してきた施策

ここが
変わる!

✓ 有効求人倍率が8年で3倍となる中、国が打ち出してきた2つの方向性による施策

✓ 保険者である市町村の関与を強めるため、介護保険事業計画に新たな項目を追加

## 長年にわたる介護現場の課題をどうするか？

　介護保険事業では、長きにわたり「現場従事者の確保・育成」が大きな課題の1つとなってきました。**新型コロナウイルスの感染拡大**により、濃厚接触者への対応から休業せざるを得ないという職員も少なくない中、改めて「介護現場の人材不足」がクローズアップされています。

　人材不足の状況は、さまざまなデータからも明らかです。

　たとえば、**介護分野の有効求人倍率は、2018年に3.90を記録しました**。これは全産業の1.45の約2.7倍です。2010年が1.31だったので、わずか**8年で3倍に膨れ上がった**ことになります。

　この数字は、あくまで全国平均です。利用者の多い都市部、特に東京都では7.70倍という、とんでもない数字を記録しています。

　また、介護労働安定センターの調査では、事業所における従事者の不足感（大いに不足＋不足＋やや不足）は、2018年に67.2％にのぼっています。これは、その5年前から10ポイント以上高まっています。

　いずれにしても、**2025年には団塊世代が全員75歳以上となる中で、さらに厳しい人材不足となる可能性は高い**わけです。

## 処遇改善と介護人材のすそ野の拡大

こうした状況下、国は2方向の施策を展開してきました。

1つは、**介護職員を中心に処遇改善策を打ち出した**こと、もう1つは、**介護人材の参入のすそ野の拡大を図ってきた**ことです。

前者については、2012年度から介護報酬上に介護職員処遇改善加算を設け、以後2回にわたり上乗せを図ってきました。

2019年10月には、ベテランの介護福祉士を中心に、介護職員以外も対象とした特定処遇改善加算を新たに設けています。

後者については、介護従事者の負担を減らすべく、**助手的な働きを想定しつつ中高年人材の活用**に力を入れています。そのため、初任者研修よりも研修時間の短い「入門的研修」もスタートさせました。

さらに、外国人による介護人材の拡大を図るべく、介護分野に従事す

## ▋ 有効求人倍率（介護関係職種）と失業率

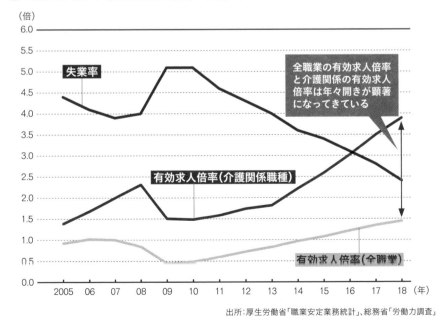

出所：厚生労働省「職業安定業務統計」、総務省「労働力調査」

73

るための在留資格を大幅に拡大しています。もっとも新しいところでは、2019年4月から「特定技能1号」のしくみが定められました。

## 人材不足対応への保険者の関与を強化

しかし、こうしたさまざまな取り組みにもかかわらず、現場の人材不足感はなかなか改善されません。そこで、国はそれぞれの現場との距離が近い市町村（保険者）の関与を強化する方策を打ち出しました。

それが、今回の介護保険法等の改正による「（保険者が策定する）介護保険事業計画」への項目の追加です。その項目とは、**介護従事者の確保、資質の向上、業務の効率化とその質の向上に関する取り組み**です。

この項目の追加により、市町村に対して具体的に何を求めているのでしょうか。ポイントは、従事者確保のみならず業務の効率化にもふれている点です。次項で、その内容を掘り下げましょう。

### ▌これまでの介護職員等の処遇改善策

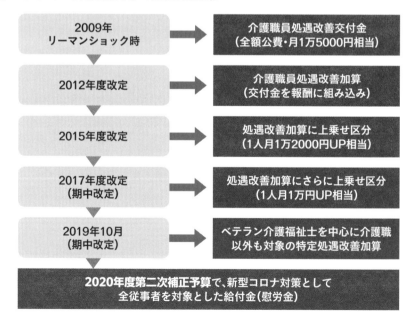

| | |
|---|---|
| 2009年<br>リーマンショック時 | 介護職員処遇改善交付金<br>（全額公費・月1万5000円相当） |
| 2012年度改定 | 介護職員処遇改善加算<br>（交付金を報酬に組み込み） |
| 2015年度改定 | 処遇改善加算に上乗せ区分<br>（1人月1万2000円UP相当） |
| 2017年度改定<br>（期中改定） | 処遇改善加算にさらに上乗せ区分<br>（1人月1万円UP相当） |
| 2019年10月<br>（期中改定） | ベテラン介護福祉士を中心に介護職<br>以外も対象の特定処遇改善加算 |

**2020年度第二次補正予算**で、新型コロナ対策として
全従事者を対象とした給付金（慰労金）

# 介護保険事業計画に
# 人材確保などを追加

ここが変わる！

☑ 介護保険事業計画の追加事項となった「人材確保」と「介護現場の業務改革」
☑ 都道府県が策定する支援計画でも「業務改革」が新規に盛り込まれた 2021年4月から施行

## 都道府県と連携しての現場業務の効率化

　保険者が策定する介護保険事業計画で、**新たに盛り込むよう「努める」と定められた**介護人材に関する内容を改めて確認しましょう（介護保険法第117条第3項第4号）。

　対象となる人材は、①ケアマネジャー、②介護給付サービスの従事者、③地域支援事業に関する従事者となっています。

　**これまでの（特定をのぞく）処遇改善加算の対象となっていない、ケアマネジャーなども含まれている点**が注目されます。

　これらの人材を対象として、前項で述べたように「人材の確保」「人材の資質の向上」「現場業務の効率化とその質の向上」に資するための取り組みを記すことが求められます。なお、これらの取り組みについては、都道府県と連携することが前提となっています。

## 2015年度設立の総合確保基金との関係

　この「都道府県との連携」については、以下の意味があります。

　それは、都道府県側が保険者支援のために策定する介護保険事業支援計画（以下、支援計画）との関係です。もともと、支援計画では「人材

の確保やその資質の向上」を盛り込むことが求められていました。

ここに、今改正で**「現場業務の効率化と、その質の向上」**が加わりました。市町村と都道府県の各計画が完全に足並みを揃えたわけです。

これは、2015年度に設けられた**地域医療介護総合確保基金**が関係しています。同基金は、医療や介護の人材確保にあてることを目的に、都道府県に設置されています。基金を使うには、都道府県から国に対して事業計画を提出することが必要です。また、市町村側で基金活用を望む場合には、都道府県経由でやはり事業計画の提出が必要とされます。

つまり、基金活用に際して都道府県と市町村の間で、密接な連携が求められることになります。介護保険事業計画と支援計画で盛り込むべき

## ▋ 地域医療介護総合確保基金のしくみ

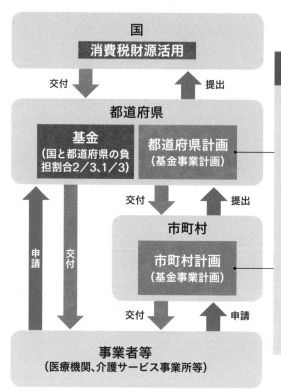

**都道府県計画および市町村計画（基金事業計画）**

**①基金に関する基本的事項**
・公正かつ透明なプロセスの確保（関係者の意見を反映させるしくみの整備）
・事業主体間の公平性・透明性の確保
・診療報酬、介護報酬等との役割分担

**②都道府県計画および市町村計画の基本的な記載事項**
医療介護総合確保区域（※1）の設定／目標と計画期間（原則1年間）／事業の内容、費用の額等／事業の評価方法（※2）
※1　都道府県は、二次医療圏域および老人福祉圏域を念頭に設定
※2　都道府県は、市町村の協力を得つつ、事業の事後評価等を実施。国は都道府県の事業を検証し、基金の配分等に活用

**③都道府県は市町村計画の事業をとりまとめて、都道府県計画を作成**

出所:厚労省の資料をもとに作成

内容を揃えたのは、そうした連携機能を高める目的もあるわけです。

## 生産性向上に向けた国の施策との関係

　さて、市町村の事業計画と都道府県の支援計画で、ともに新規で盛り込まれたのが**「現場業務の効率化とその質の向上」**です。

　そもそも介護人材の確保を進めるとはいっても、わが国の労働力人口が長期的に減少する中では、どうしても限界があります。

　そこで、国は2019年に「人材不足時代に対応したマネジメントモデルの構築」や「ICT活用等による業務効率化」を検討するための介護現場革新会議を開催しました。また、介護現場向けの「生産性の向上に資するガイドライン」（業務改善の手引き）を発行しています。

　市町村としては、こうした取り組みを参照しつつ、**「自地域の課題」に沿った有効な施策を独自に打ち出していくこと**が求められています。今回の事業計画に関する改正は、そうした市町村の主体的な取り組みをうながす意味があるわけです。今後は、市町村から各事業者に対して、業務改革に関するアドバイザー派遣の機会なども増えてきそうです。

### ■ 介護現場革新会議が打ち出した業務改革例

・人材不足の時代に対応したマネジメントモデル

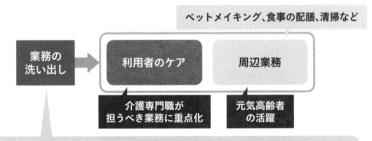

ベットメイキング、食事の配膳、清掃など

業務の洗い出し → 利用者のケア　周辺業務

介護専門職が担うべき業務に重点化　元気高齢者の活躍

「時間帯ごとに適性な職員が、適正な数を勤務しているか」、「職員が一斉に休息をとるなど、残された職員に業務が集中していないか」、「介護職が専門業務以外の業務（周辺業務）に時間を割いていないか」などを分析

2020年 **今改正**

# 老人福祉計画でも 人材の確保などを追加

ここが 変わる!

✓ 老人福祉計画でも、介護保険事業計画と同じく 人材確保などに関する項目が追加

✓ 人材確保などについて、介護保険事業計画との 一体的な戦略が重要に

2021年4月から施行

## 老人福祉計画の対象となる事業を再確認

市町村には、介護保険事業計画のほか、老人福祉計画の策定が義務づけられています。そのなかでは、老人福祉事業(老人居宅生活支援事業および老人福祉施設による事業)について **「確保すべき量」** と **「その確保のための方策」** について記さなければなりません。

上記の事業のほとんどは介護保険事業と重なりますが、介護保険がかかわらないケースもあります。たとえば、養護老人ホームや軽費老人ホーム(ケアハウス)については、介護保険の特定施設入所者生活介護の指定を受けているケースもありますが、これに該当しないものも老人福祉事業の老人福祉施設と位置づけています。

## 養護老人ホームの人材に必要なスキル

これらの老人福祉施設においても、人材確保が大きな課題であることは、介護保険事業と変わりはありません。そこで、介護保険事業計画と同様に、老人福祉計画においても **「従事者の確保と資質の向上」** および **「業務の効率化と質の向上」** を計画に盛り込むことになりました(老人福祉法第20条の8)。

　もちろん、介護保険事業計画との整合性が求められます（老人福祉法第20条の8第7項では「一体のものとして作成」を求めている）。

　ということは、人材の確保を進めるうえで、地域の若年求職者などに「現場の魅力」などを伝える場合にも、幅広い視野をもって情報提供を行っていくことが必要となります。

　たとえば、高齢者虐待などが大きな社会問題となる中で、当事者に対するシェルター的な機能を果たす養護老人ホームは欠かせない資源の1つです。そこで働くとなれば、当然、本人の権利擁護に関する知識や、本人擁護のための多機関との連携スキルが求められます。

　そうしたケースで業務の効率化を進めていくには、介護保険上の規則だけに目を奪われていては足りません。**市町村のさらなる現場把握や企画能力が必要**になるわけです。

### ▌市町村老人福祉計画で「記す」べきものの範囲

A、Bの老人福祉事業について

❶確保すべき量の目標（義務）
❷❶を確保するための方策（努力義務）
❸老人福祉事業について、都道府県と連携して行う以下の措置
・従事する者の確保とその資質の向上
・業務の効率化とその質の向上　❸はNEW

A.老人居宅生活支援事業
・老人居宅介護等事業
・老人デイサービス事業
・老人短期入所事業　など

B.老人福祉施設による事業
老人福祉施設とは…
・特養ホーム
・**養護老人ホーム**
・**軽費老人ホーム**　など

いずれも介護給付もしくは
総合事業のサービス

介護保険以外の
事業も含まれる

# 介護福祉士資格の取得方法で経過措置を延長

ここが変わる！

☑ 養成施設ルートに関する国家試験の合格要件について、経過措置を5年間延長

☑ 卒業後、未合格者でも5年間だけ介護福祉士となれる人の範囲が拡大　**公布日から施行**

## 2007年の法改正での変更点

　介護保険サービスにおいて、中心的な役割を果たす専門職が**介護福祉士**です。いうまでもなく、国の法律で定められた国家資格です。

　この介護福祉士については、その取得方法をめぐる制度変更が繰り返されてきました。いったん法改正がなされたものの、さまざまな事情から施行が延期になったり、経過措置が延長されてきたりした次第です。

　そして、今回も「社会福祉士および介護福祉士法の一部を改正する法律」がさらに見直され、すでに定められていた**「養成施設ルート」**に関する経過措置が**5年間延長**されることになりました。

　介護福祉士を取得するための道筋は、大きく分けて3つあります。①実務経験ルート、②養成施設ルート、③福祉系高校ルートです。

　もともとは、この3つのルートによって、介護福祉士を取得するための要件は異なっていました。たとえば、①は実務経験3年以上で国家試験ができ、合格すれば介護福祉士になれました。②は養成施設で2年以上履修し、卒業すれば国家試験なしで介護福祉士が取得できました。

　これに対し、介護人材の資質向上を目指す観点から2007年に法律が改正されました。改正点を大雑把にいえば、①の受験資格について「実

務者研修の修了」を義務づけたこと、②について卒業後に「国家試験を受験して合格する」ことを資格取得の要件としたことです。

要するに、いずれのルートでも、**「一定の教育の修了」**と**「国家試験の受験」**がセットになったわけです。

## たびたび延期されてきた介護福祉士の取得法の統一

この改正法は、一定の準備期間をもたせたうえで2012年度から施行されることになっていました。ところが、のちに事情が変わります。

まず、2011年に介護職による「医行為の一部」（喀痰吸引など）が解禁され、介護福祉士の教育カリキュラムにも変更が生じました。

学ぶべき内容に大きな変化が生じたわけですから、やはり準備期間が必要です。そこで介護福祉士の取得方法の変更も、施行がさらに3年延

### ▌2007年の法改正で一元化された介護福祉士取得方法

| ルート | 実務経験ルート | 養成施設ルート | 福祉系高校ルート |
|---|---|---|---|
| ルートの概要 | 3年以上の介護等の業務に関する実務経験及び都道府県知事が指定する実務者研修等における必要な知識及び技能の習得を経た後に、国家試験に合格して資格を取得する方法 | 都道府県知事が指定する介護福祉士養成施設等において必要な知識及び技能を修得して資格を取得する方法 | 文部科学大臣及び厚生労働大臣が指定する福祉系高校において必要な知識及び技能を修得した後に、国家試験に合格して資格を取得する方法 |
| 教育プロセス（実務経験研修） | 実務経験3年以上＋実務者研修　6カ月以上／450時間 ※他研修修了による期間短縮・科目免除あり | 履修期間2年以上 改正前は1,650時間 ➡改正後は1,850時間 | 履修期間3年以上 改正前は34単位（1,190時間） ➡ **改正後は53単位（1,855時間）** ※時間数は、1単位を35時間として換算 ※特例高校は卒業後に実務経験9カ月以上が必要 |
| 国家試験 | 要受験 | 要受験 | 要受験 |

2022年度から完全施行される予定だったが……

長（2015年度）されました。

　その後、再び事情が変わります。介護人材の確保が厳しくなり、この環境変化を受けて、施行がもう1年延長（2016年度）になったのです。

　さらに、②の養成校ルートでの「国家試験義務づけ」については、2017年度（2017年3月31日より後に卒業した者）から順次適用し、2022年度（2022年3月31日より後に卒業した者）から完全実施するということになりました。

## 5年間延長されることの意味と背景

　上記の「順次適用」の意味は、以下のとおりです。

　2022年3月31日までに卒業した者は、卒業すれば5年間だけ「介護福祉士」の資格を手にできます。その間に国家試験を受けて「合格」す

## ▮ 今改正前の養成施設ルートの国家試験導入の道筋

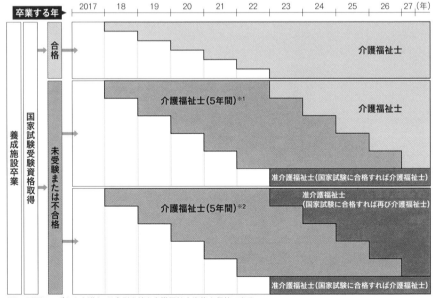

※1　以下のいずれかを満たせば、引き続き介護福祉士資格を保持できる
　　　A.卒業後5年以内に国家試験に合格
　　　B.原則卒業後5年間連続して実務に従事（育児休業などを取得した場合は、その分を合算した期間内に5年間あればいい）
※2　上記A、B以外の者は、准介護福祉士の資格を付与

れば、5年たった後も介護福祉士となれます。しかし、「不合格（あるいは未受験）」だった場合には、介護福祉士は名乗れなくなります。

　ここで関連してくるのが、**外国人の介護従事者**です。日本で介護に従事しながらの在留資格については、いろいろなしくみがありますが、介護福祉士を取得することもその1つです。これを**在留資格「介護」**といい、在留期間更新の制限はなく配偶者や子の帯同も可能となります。

　しかし、ここで国家試験が義務づけられ、不合格になれば（制度変更がない限り）原則として帰国せざるを得ません。そのため、業界団体は「日本への留学意欲が低下し、今後頼りにするべき外国人介護人材が一気に減る」という危機感を持ち、政府に経過措置の延長を求めました。

　そして、今回の法改正による経過措置の延長となったわけです。

　具体的には、5年間の延長となったことで、**2027年3月31日の卒業生まで「卒業後に5年間介護福祉士を手にできる」特例が適用される**ことになりました。その5年の間に介護福祉士の国家試験に合格することが必要ですが、当面は留学意欲の維持は期待できるわけです。

### ▌外国人留学生が在留資格「介護」を取得する方法

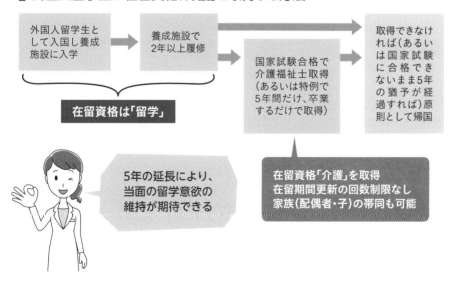

外国人留学生として入国し養成施設に入学 → 養成施設で2年以上履修 → 国家試験合格で介護福祉士取得（あるいは特例で5年間だけ、卒業するだけで取得） → 取得できなければ（あるいは国家試験に合格できないまま5年の猶予が経過すれば）原則として帰国

在留資格は「留学」

5年の延長により、当面の留学意欲の維持が期待できる

在留資格「介護」を取得
在留期間更新の回数制限なし
家族（配偶者・子）の帯同も可能

# 有料老人ホームの届出などを簡素化

ここが変わる！

- ✅ 老人福祉法の改正により、有料老人ホームの届出事項（変更含む）の一部を削除
- ✅ 届出の簡素化を図る一方で、厚労省令での調整が重要に

**2021年4月から施行**

## 整備の推進と質の担保を両立させるには？

　一人暮らしや夫婦のみの高齢者世帯が増えるなか、食事や家事、介護などのサービスが提供される有料老人ホームは、これからますます必要度を増しています。

　その一方で、実態が十分に把握できないまま、劣悪な環境で高齢者を住まわせるホームの存在も問題化しています。

　さらなる整備は必要でも、質の担保が重要となった場合、やはり行政による実態把握がきちんと進むようなしくみが欠かせません。

　そもそも、高齢者を入居させて、４つのサービス（家事、介護、食事、健康管理）のいずれかを提供していれば、その時点で有料老人ホームに該当します。該当した場合は、都道府県に届出が必要です。

　問題は、**届出がなされていない（未届け）のホームがあること**です。都道府県は実態把握に努めていますが、入口部分として「届出を促進させる」という方策も求められます。そこで**届出を簡素化し、整備の推進と実態把握の促進を両立するため、老人福祉法の改正**が行われました。

　改正前は、有料老人ホームについて以下の届出事項が必要でした（老人福祉法第29条第１項）。

①施設の名称および設置予定地、②設置しようとする者の氏名・住所（または名称・所在地）、③条例、定款、その他の基本約款、④事業開始の予定年月日、⑤施設の管理者の氏名・住所、⑥施設において供与されるサービス（介護等）の内容、⑦その他厚労省令で定める事項です。

今回の改正により、③〜⑥が削除されました（変更届も同様）。

ポイントは、これによって⑦の厚労省令が重要になってくるという点です。たとえば、**今後の有料老人ホームの実態などを加味しながら、必要に応じて届出事項を省令でプラスすることもできる**わけです。

届出の簡素化を図りつつ、厚労省として「手綱さばきがきく」というしくみを強化したことになります。

## ■ 有料老人ホームとは?

### 有料老人ホームの制度の概要

老人福祉法第29条第1項に基づき、老人の福祉を図るため、その心身の健康保持および生活の安定のために必要な措置として設けられている制度

※設置にあたっては、都道府県知事などへの届出が必要。なお、設置主体は問わない（株式会社、社会福祉法人など）

### 有料老人ホームの定義

老人を入居させ、以下の①〜④のサービスのうち、いずれかのサービス（複数も可）を提供している施設

❶食事の提供
❷介護(入浴・排せつ・食事)の提供
❸洗濯・掃除などの家事の供与
❹健康管理

※法令上の基準はないが、「有料老人ホーム設置運営標準指導指針」(自治体の指導指針の標準モデル)では居室面積などの基準を定めている(例:個室で1人あたり13㎡以上など)

「手綱さばきがきく」というしくみを強化

↓

上記の定義に該当したら、都道府県への届出が必要
(老人福祉法第29条)

↓

さらに、介護保険法上の基準を満たせば介護付き有料老人ホーム
(特定施設入居者生活介護)の指定を受けることができる

# 有料老人ホームについて
# 自治体間の連携を強化

**ここが変わる!**

- ☑ 有料老人ホームの届出がなされた場合、都道府県から市町村への情報提供を義務づけ
- ☑ 市町村が未届けホームを発見した場合、都道府県に通知するよう努める

**2021年4月から施行**

---

## 身近な市町村の関与がますます重要になる

　ますますニーズの高まる「高齢者向け住まい」には、前項の有料老人ホームのほか、サービス付き高齢者向け住宅（サ高住）があります。

　いずれの「住まい」も、主に関与するのは都道府県です。

　有料老人ホームであれば、義務づけられている「届出」の先は都道府県です。また、サ高住は基準を満たしたうえでの登録制ですが、この登録を行う先もやはり都道府県となっています。

　とはいえ、圏域の広さを考えれば、目配せのききやすい市町村の関与も望まれます。仮に、入居者の人権にかかわる問題が潜んでいたり、その温床となる**未届けの有料老人ホームが地域に存在した場合、やはり身近な市町村が「発見者」の役割を担うことが重要**になるでしょう。

## サ高住では、市町村への通知のしくみはあるが……

　ところで、サ高住の場合、登録先は都道府県ですが、登録されると都道府県から市町村に「通知」が行くしくみになっています。

　一方、有料老人ホームには、そうしたしくみはありませんでした。たとえば、都道府県に有料老人ホームの届出がなされたとしても、その情

報を市町村に伝える制度的な規定はなかったわけです。

　そこで、今回の老人福祉法の改正では、**都道府県が有料老人ホームの届出を受けた場合、その旨をホームの設置予定地または所在地の市町村に通知することが義務づけ**られました（第29条第4項）。

　これにより、市町村による地域の有料老人ホームの状況が把握しやすくなります。また、都道府県から通知のない有料老人ホームが発見された場合、それが「未届け」であることを確認しやすくなるというメリットもあります。チェック体制が働きやすくなったわけです。

## 未届けホームの把握率を上げていくために

　では、仮に市町村が「未届け」の有料老人ホームを発見した場合はど

### ■「サ高住」と「有料老人ホーム」の手続きの違い

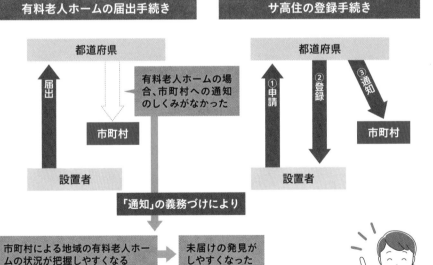

うすればよいのでしょうか。市町村が任意で都道府県に照会するケースもありましたが、劣悪な住まいの温床となりがちな「未届け」ホームをなくしていくうえでは弱いといえるでしょう。そこで、今改正では、**市町村が未届けホームを発見した場合に、「遅滞なく都道府県に通知する」ことを市町村の努力義務**としました（同法第29条第5項）。

　このように、有料老人ホームに関する情報について、都道府県との双方向のやり取りを法律で規定したことにより、「高齢者の住まい」に関する市町村の関与が強化されたことになります。

　この後の項では、市町村が策定する介護保険事業計画に、「高齢者向け住まい」に関する項目が追加された旨についてふれます。上記の改正は、そうした新たなしくみをバックアップする意味もあるわけです。

### ■「未届け」を含めた有料老人ホームの把握数

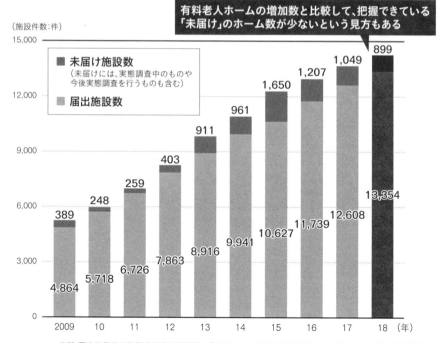

出所：厚生労働省老健局高齢者支援課調べ（2009〜2014年は10月31日時点、2015〜2018年は6月30日時点）

# 介護保険事業計画に高齢者住まいの定員も

ここが変わる！

- ☑ 介護保険事業（支援）計画において、住宅型有料老人ホームやサ高住の入居定員を盛り込み
- ☑ 介護保険事業（支援）計画の前提として、地域の人口構造にも配慮

**2021年4月から施行**

## 住宅型有料老人ホームやサ高住の伸びが著しくなるなかで

　人口の高齢化とともに、介護サービスの必要量は伸びていきます。それと同時に、住まいの老朽化や高齢に応じた屋内のバリア構造なども大きな課題となっています。特に、高度成長期に住宅を購入した世代が高齢化するなかでは、**「住まいと介護」のセット化**のニーズは高いといえるでしょう。

　そうしたなか、介護保険法上の指定を受ける介護付き有料老人ホームの定員数は（伸びてはいるものの）、やや頭打ちの状況です。介護分野の人手不足で、人員基準を満たす人材確保が難しいことも要因の1つといえます。

　一方で、**介護サービスがセットになっていない住宅型有料老人ホームやサ高住**の伸びが目立っています。介護サービスは外部の事業者との契約で利用することになりますが、そうしたスタイルが介護付き有料でくみ切れないニーズの受け皿となっているといっていいでしょう。

　こうした現実と照らした場合、介護保険事業のあり方を考える際にも、住宅型有料のような「住まい」に着目することが欠かせません。市町村が策定する介護保険事業計画のあり方も問われるわけです。

## 介護保険事業計画と支援計画への追加項目

そこで、今回の介護保険法の改正では、介護保険事業計画に盛り込む内容にさらなる追加が定められました（努力義務）。**「届出の出ている有料老人ホーム」**と**「登録されているサ高住」**（いずれも、介護保険の特定入居者生活介護の指定を受けていないものに限る）**の入居定員の総数**について（介護保険法第117条第3項第8号）で、連携する都道府県の介護保険事業支援計画でも同様の改正が行われました。

たとえば、こうした「高齢者向け住まい」が増えていけば、当然、そこで在宅系のサービスを（外部との契約という形で）利用するケースも増えていくことが予想されます。つまり、地域にどれだけの介護サービス資源が必要なのかを考える場合に、「高齢者向け住まい」の整備状況が1つの大きな目安となってくるわけです。

### ▌ 有料老人ホームとサ高住の定員数の推移

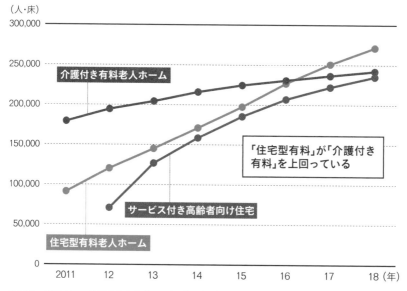

（人・床）

凡例：
- 介護付き有料老人ホーム
- サービス付き高齢者向け住宅
- 住宅型有料老人ホーム

「住宅型有料」が「介護付き有料」を上回っている

出所：サービス付き高齢者向け住宅は、「サービス付き高齢者向け住宅情報提供システム（2018年9月30日時点）」による（利用者数ではなく登録戸数）。有料老人ホームは、厚生労働省老健局の調査結果（利用者数ではなく定員数）。

## 都市部と地方で人口構造に大きな差が生じる

　なお、介護保険事業計画では、「作成に際して勘案しなければならないこと」が追加されました。改正前は、①**要介護者等の人数**、②**要介護者等の介護給付等サービスの利用の意向**、③**その他**となっていました。

　今改正では、ここに**「人口構造の変化の見通し」**が加わりました（同法第4項）。これは、長期的に見た場合、都市部と地方で高齢者の年齢層（60代、70代、80代、それ以上など）をはじめとする人口構造の変化に大きな差が生じることが想定されているからです。

　となれば、市町村ごとに「自地域での人口構造の特徴は何か」をきちんととらえていないと、事業計画に盛り込む介護サービス基盤の見込み量などが、時を経て「机上の空論」に陥る可能性が高くなります。

　計画の精度を上げていくことが、さらに求められているわけです。

### ▌都道府県別高齢化率の推移（北海道・東北・関東）

| 都道府県名 | 2017年 | | | 2045年 | 高齢化率の伸び<br>（ポイント） |
|---|---|---|---|---|---|
| | 総人口<br>（千人） | 65歳以上人口<br>（千人） | 高齢化率<br>（%） | 高齢化率<br>（%） | |
| 北海道 | 5,320 | 1,632 | 30.7 | 42.8 | 12.1 |
| 青森県 | 1,278 | 407 | 31.8 | 46.8 | 15.0 |
| 岩手県 | 1,255 | 400 | 31.9 | 43.2 | 11.3 |
| 宮城県 | 2,323 | 631 | 27.2 | 40.3 | 13.1 |
| 秋田県 | 996 | 354 | 35.6 | 50.1 | 14.5 |
| 山形県 | 1,102 | 355 | 32.2 | 43.0 | 10.8 |
| 福島県 | 1,882 | 569 | 30.2 | 44.2 | 14.0 |
| 茨城県 | 2,892 | 819 | 28.3 | 40.0 | 11.7 |
| 栃木県 | 1,957 | 536 | 27.4 | 37.3 | 9.9 |
| 群馬県 | 1,960 | 567 | 28.9 | 39.4 | 10.5 |
| 埼玉県 | 7,310 | 1,900 | 26.0 | 35.8 | 9.8 |
| 千葉県 | 6,246 | 1,692 | 27.1 | 36.4 | 9.3 |
| 東京都 | 13,724 | 3,160 | 23.0 | 30.7 | 7.7 |
| 神奈川県 | 9,159 | 2,274 | 24.8 | 35.2 | 10.4 |

出所：内閣府「平成30年版高齢社会白書（概要版）」

# 有料老人ホームの質を向上させる取り組み

ここが変わる！

- ✅ 有料老人ホームにおける「毎日1回」の安否確認を徹底する通知を発出
- ✅ 介護相談員の派遣を、介護保険外の有料老人ホームなどにも適用

**2020年度内に施行予定**

## 社会に大きな衝撃をあたえた「ホーム内の孤立死」

2019年、有料老人ホーム内で、自室で死去した入居者が数日発見されないという「ホーム内の孤立死」という事態が発生しました。

これを受けて、厚労省は**「本人が自室での安否確認を希望しない場合でも、電話や動体把握センサーの活用などにより、毎日1回以上安否確認を行う」**よう周知を徹底する通知を発しました。

また、有料老人ホームの数が増えるなかで、すそ野の拡大にともなう**「劣悪なホームの存在」**も問題となっています。今回の老人福祉法の改正では、市町村と都道府県の情報共有の強化が図られましたが、このしくみを活用しての指導の強化なども図られようとしています。

## 介護相談員を「高齢者住まい」にも適用

そうしたなか、ホームの質を確保するために、第三者である外部の目を積極的に入れるというしくみも設けられました。

それが、**介護相談員制度**の拡充です。介護相談員とは、市民ボランティアが現場を訪問し、利用者の疑問や不満をくみとったうえで事業者にフィードバックする（同時に市町村に報告する）というしくみです。

　これまでは、相談員の訪問先は介護サービス事業所・施設となっていましたが、ここに**住宅型の有料老人ホームやサ高住など、介護保険外となる「高齢者向け住まい」**を対象に含めることとなりました。

　名称についても、介護保険外まで含めた幅広いサービス現場を対象とする意味から**「介護サービス相談員」**と改称される予定です。

　もちろん、範囲が広がるわけですから、人員の数・質ともに拡充が必要です。そこで、以下の改革が行われます。

①地域によってバラつきのあった研修カリキュラムなどを標準化
②地域医療介護総合確保基金を活用しての研修費用の助成
③保険者機能強化推進交付金の交付に際し、相談員導入の保険者を評価

### ■ 介護相談員派遣事業の概要

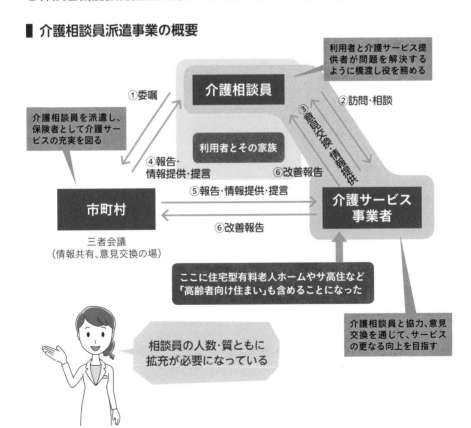

利用者と介護サービス提供者が問題を解決するように橋渡し役を務める

①委嘱

介護相談員を派遣し、保険者として介護サービスの充実を図る

②訪問・相談

③情報収集・情報提供

介護相談員

利用者とその家族

④報告・情報提供・提言

⑥改善報告

⑤報告・情報提供・提言

市町村

⑥改善報告

三者会議
（情報共有、意見交換の場）

介護サービス事業者

ここに住宅型有料老人ホームやサ高住など「高齢者向け住まい」も含めることになった

介護相談員と協力、意見交換を通じて、サービスの更なる向上を目指す

相談員の人数・質ともに拡充が必要になっている

# 地域支援事業と高齢者保健事業の一体的実施

ここが
変わる！

☑ 介護保険の地域支援事業と、高齢者保健事業、国保保健事業の一体的な実施を努力義務に

☑ 3つの事業に関する法律すべてに「一体的実施」を明記

**2020年4月から施行済**

## 2019年にも介護保険法は改正されている

　2020年の改正法では、介護保険運営の土台となる「保険者（市町村）が作成する介護保険事業計画」に、新たな項目が追加されました。具体的な追加項目については、Part 5、6を参照してください。

　注意しなければならないのは、2019年にも介護保険法が改正されていることです。その時点でも、上記の介護保険事業計画への記載項目の追加が行われています。この点も押さえておかなければなりません。

　具体的には、**「地域支援事業と高齢者保健事業、および国民健康保険保健事業の一体的な実施」** にかかわる項目です。

　この「一体的な実施」とは、どういうものなのでしょうか。

　まず高齢者保健事業ですが、これは「高齢者の医療の確保に関する法律」の第125条に規定された事業です。

　後期高齢者（75歳以上）を対象に、その心身の特性に応じて、**健康相談にのったり健診や保健指導**などを行ったりします。手がけるのは都道府県等の広域連合ですが、市町村に委託されることもあります。

　一方、国民健康保険保健事業は、「国民健康保険法」の第82条に規定された事業で、国民健康保険（国保）の加入者が対象です。

上記の高齢者保健事業と同様、**特定健診や特定保健指導**を行います。手がけるのは市町村であり、市町村が独自で行っている健康増進事業などと連携しての取り組みも見られます。

## 3つの事業間で生じていた「途切れ」の課題

上記の2つは、いずれも高齢者の疾病予防に関する取り組みです。そして、介護保険の地域支援事業といえば、地域の高齢者が要介護状態にならないよう健康体操など介護予防に資する取り組みを行っています。

この3つは、これまで別々に行われてきました。そのため、**疾病・介護予防の効果が十分に発揮されない**という課題がありました。

### ■ 介護予防と保健事業の間で生じていた課題

**75歳**

国民健康保険の
保健事業（市町村）

**医療保険**

・特定健診、特定保健指導
・任意で人間ドック
・重症化予防（糖尿病対策など）

> 保険者により、糖尿病性賢症の患者などに対して、医療機関と連携した受診勧奨・保健指導などの実施

・市町村独自の健康増進事業などと連携した取り組み

後期高齢者広域連合の保健事業
（広域連合。市町村に委託・補助）

**医療保険**

・健康診査のみの実施がほとんど
・一部、重症化予防に向けた個別指導なども実施

> 国保と後期高齢者の保健事業の接続の必要性（現状は、75歳で断絶）

> フレイル状態に着目した疾病予防の取り組みの必要性（運動、口腔、栄養、社会参加などのアプローチ）

> 保健事業と介護予防の一体的な実施（データ分析、事業のコーディネートなど）

**65歳**

**介護保険の介護予防・日常生活支援総合事業など（市町村）**

**介護保険**

・一般介護予防事業（住民主体の通いの場）
・介護予防・生活支援サービス事業

> 訪問型サービス、通所型サービス、生活支援サービス（配食など）、生活予防支援事業（ケアマネジメント）

> 保健事業との連携による支援メニューの充実の必要性

たとえば、国保の加入者は75歳になると、後期高齢者の保健事業に移行します。この時点で疾病予防の取り組みが途切れるわけです。

　では、地域支援事業の介護予防の場合はどうでしょうか。こちらの場合、上記の保健事業との情報共有が図られておらず、医療などの専門職の関与も薄くなりがちです。ここでも「途切れ」が生じるわけです。

　要介護になることと、高齢者特有の生活習慣病は深くかかわっているのは、誰でも理解できます。せっかく介護予防に取り組んでも、**医療・保健との連携**が十分でなければ効果も上がりにくくなります。

## 地域支援事業に保健事業の専門職が関与

　このように、制度による「途切れ」が事業の効果を妨げているとすれば、上記の３つを一体化させることが必要です。そのため、３つの制度に関するそれぞれの法律に、**「一体的な実施」の義務づけ（努力義務）** が加えられました（介護保険法第115条の45第５項、高確法第125条第３項、

■ 地域支援事業における「通いの場」のイメージ

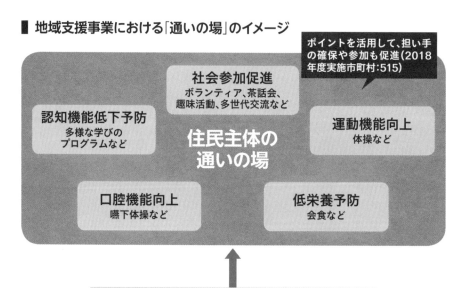

国民健康保険法第82条第３項）。それが2019年の法改正というわけです。

　たとえば、介護保険の地域支援事業における「通いの場」（まだ元気な高齢者が公民館等に通って、身体を動かしながら筋力・運動機能の低下を防ぎつつ介護予防を図るというもの）があるとします。

　制度改正により、この「通いの場」に保健事業のリハビリ職や栄養士などが（アドバイザーやコーディネーターとして）かかわる機会を増やし、介護予防の効果を上げていくことが期待されます。

　また、健診にかかわる医師などが、「通いの場」への参加を勧めることで、高齢者の閉じこもりなどを防ぐことにもつながるわけです。

　ただし、高齢者の状態は１人ひとり異なります。上記のような効果を確実に上げるには、**その人の健診や受けているサービスの情報を３つの制度で共有していくこと**が必要です。2019年の改正法では、この点についても触れています。次項で、掘り下げましょう。

### ▌事業の「一体的実施」が可能になると…

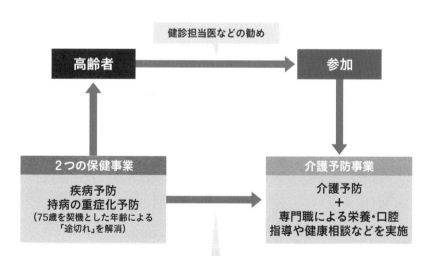

# 高齢者の健診・介護情報を3事業で共有可能に

ここが変わる！

- ✅ 市町村は地域支援事業に必要な高齢者の健康情報などを、保健事業側に求めることができる
- ✅「住み替え」を行った高齢者の情報も他市町村から求めることが可能

2020年4月から施行済

## 保健事業側に求める情報にはどんなものがある？

　介護保険の地域支援事業、高齢者保健事業、国民健康保険保健事業（以下、国保保健事業）の3つを一体的に行うとして、その効果を上げるには、各事業で得られた情報の活用が必要です。

　つまり、**1人の高齢者についての健診情報や健康指導の記録、介護・療養に関するサービスの情報を共有する**わけです。

　もちろん**個人に関する情報**ですから、その取扱いに関しては個人情報保護の観点から法律上の定めが必要です。その情報の「やりとり」について明記したのが、2019年の法改正となります。

　たとえば、地域支援事業を実施する際には、他の市町村もしくは後期高齢者医療広域連合から、以下の情報を求めることができます（介護保険法第115条の45第6項➡2020年改正により第7項へ）。

①保健医療サービスや福祉サービスに関する情報

②国民健康保険や後期高齢者医療に関する療養に関する情報

③高齢者保健事業における健診、保健指導に関する記録の写し

④国保保健事業における特定健診、特定保健指導に関する記録の写し

　上記で注意したいのは、「他の市町村」からの情報を求めるという点

です。これは、高齢になってサ高住などへの住み替えが行われたケース
などを想定し、以前の居住地からの情報を得るためのしくみです。

## 求められた側は、情報提供を行う義務がある

ところで、上記では「求めることができる」とされていますが、当然
ながら「求められた側」、つまり**「他の市町村や広域連合」は情報を提
供する義務**があります。この点も介護保険法に明記されています（同法
第7項➡2020年改正により第8項へ）。

なお、この情報のやり取りについては、国民健康保険DBシステムな
どを使って行うことになります。

提供された情報については、たとえば地域支援事業で、医療等の専門
職が参加者の健康指導などを行う際に活用されます。

専門職としては、本人の健診情報などがあるわけですから、その健康
状態などに応じた具体的な指導を行いやすくなるわけです。

たとえば、健診で血糖値や血圧が高いなど日常生活で注意すべき数値

### ■ どこからどのような情報を求めることができる？

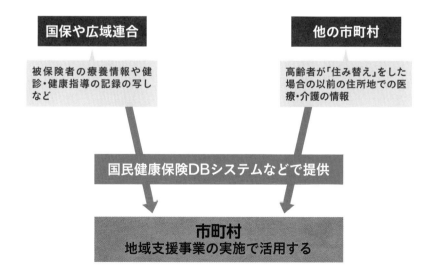

が示されたとします。この情報を管理栄養士が受け、「通いの場」など
でのリハビリ職による運動指導とともに栄養指導をセットで行うことが
できます。当人としては、**1つの「通いの場」という機会に、健康を維
持するためのトータルな指導を受けること**ができるわけです。

　ちなみに、保健事業を手がける広域連合などから提供されるのは、上
記のような情報だけではありません。地域支援事業に医療等の専門職が
かかわれるようになったわけですが、この医療専門職を市町村に配置す
る際の経費は、**委託事業費として広域連合から交付されます。**

　つまり、情報だけでなく**「お金」も交付される**わけです。

### ▌ 提供された情報の活用のされ方

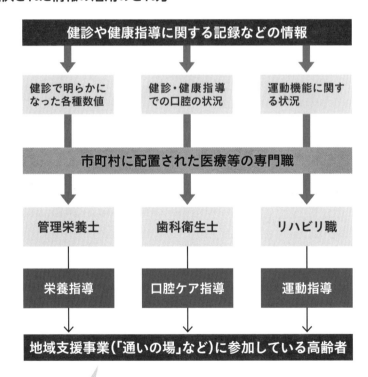

# 介護保険等関連情報の施策立案等への活用

ここが
変わる！

- ✅ **介護保険関連情報**について、厚労省以外で調査・分析を行うケースでも提供が可能になった
- ✅ 情報提供を行う先は、目的を限定したうえで3つに分類

2020年10月から施行

## 健康寿命延伸に向けた調査・研究のための動き

ここまで、介護保険における地域支援事業と（国保など）医療保険における保健事業の「一体的な実施」、そして、その際の両事業における情報の共有と活用について述べてきました。

これらの一連の動きは、**高齢者の健康寿命を延ばす**ことを目指したものです。

この「健康寿命の延伸」は、2018年の政府のいわゆる「骨太の方針」でも改革工程表に明記されています。本章で述べてきた保健と予防の一体化は、まだ入口に過ぎません。今後、さらに新たな施策を立案・推進していくことが目指されています。

その土台として、行政や民間機関（大学などの専門機関）による調査・研究が求められます。当然ながら、そうした調査・研究のためには、高齢者の健康などに関するデータが必要です。

ただし、ここでも個人情報が絡むわけですから、対象となるデータの範囲やその活用法を法律できちんと規定しなければなりません。

そうした **「調査・研究に活用するためのデータの取り扱い」** を明確にした ことも、2019年改正の重要項目の1つです。

## 2019年改正前の規定対象は、厚労省のみ

　もともと2019年に改正される前の介護保険法でも、介護保険事業に関する調査・分析について、以下のような規定がありました。

①市町村は、調査・分析に必要な情報を厚労省に提供すること

②厚労省は①の情報を調査・分析したうえで、結果を公表すること

　ちなみに、この調査・分析に必要な情報というのは、「介護費用の年齢別・地域別・要介護度別等の状況」、「被保険者の要介護認定等に関する状況」となっています。これを**介護保険等関連情報**といいます。

### ■ 国民の健康寿命の延伸に向けた施策ビジョン

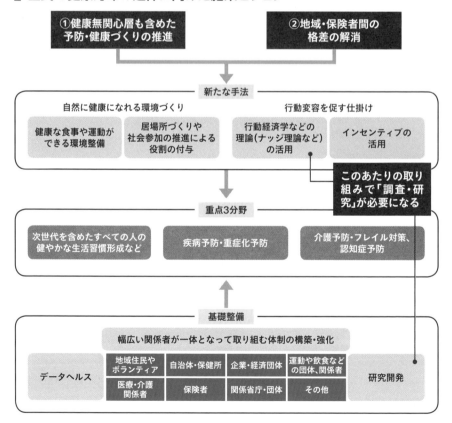

## 他の行政機関や研究機関なども対象に加わった

　2019年の法改正では、この介護保険等関連情報について、「厚労省以外で調査・分析を行う」ケース（機関と目的）を明記しました（介護保険法第118条の３第１項）。具体的には、以下の３つのパターンとなります。

① 【対象】国の他の行政機関および地方自治体
　　【目的】保険給付サービスに関する施策、高齢者の介護予防・重度化防止および日常生活の支援に関する施策のための調査・分析
② 【対象】大学、その他の研究機関
　　【目的】国民の健康保持や介護保険事業に関する研究
③ 【対象】民間事業者、その他の厚労省令で定める者
　　【目的】介護分野の調査研究に関する分析など（特定の商品の広告や宣伝に使うなどのケースは除く。つまり、公益性の高さが問われる）

### ■ 健康寿命の「地域格差」

1人あたり入院医療費と健康寿命を「上位5県」「下位5県」で比較すると…

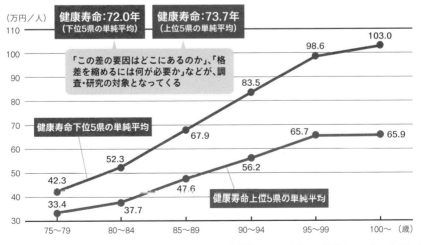

出所：厚生労働省「高齢者の保健事業のあり方検討ワーキンググループ作業（2018年年10月1日）」より

# 介護保険等関連情報の 匿名性などを守る規定

ここが変わる!

- ✓ 調査・研究のために提供される情報については、「匿名性」が担保されることが条件
- ✓ 情報を受け取る側に対する不正利用禁止なども厳格になった

2020年10月から施行

## 「匿名」のみならず「復元不可」の規定も設けられた

　前項の調査・研究に活用される介護保険等関連情報は、個人の健康や介護の状況にかかわるものです。それが、厚労省以外の行政・民間機関にも提供されるわけですから、国民としては**「個人が特定されることはないのか」**と不安に思うものです。この個人情報に関する国民の不安感を解消しなければ、情報の活用を進めるわけにはいきません。

　そこで、2019年の改正法では、「介護保険等関連情報」について、まず**「匿名」**であることを明記しています（介護保険法第118条の3）。

　この場合の「匿名」というのは、提供される情報自体が「匿名である」ということだけではありません。**個人が特定できる状況へと「復元」できないような「加工」をほどこしてある**ことも条件となります。

## 活用後の消去、目的以外の活用禁止も義務づけ

　このように「匿名性」を確保しても、いったん民間の機関などにわたってしまうと、そこに悪意が介在する可能性はゼロではありません。

　そこで、改正法では情報を受け取る側に対して、さまざまな義務を課しています。たとえば、（本人が特定できるような）他情報との照合な

どを禁止したり（同法第118条の４）、安全管理の措置を求めるといった具合です。

　また、本来の調査・研究以外で情報を活用することも禁止、本来の目的で使用した後は情報を消去することも義務づけました。

　厚労省側には、情報提供先の機関に対しての立入検査や是正命令を出すことができるという権限も付与されています。

　さらに、厚労省が第三者機関などに情報を提供する場合には、あらかじめ社会保障審議会（介護保険部会など）の意見を聴かなければならないという規定も設けられました（同法第118条の３第３項）。

　このように二重三重の監視のしくみを設けることで、国民の信頼に足りる情報活用を進めようとしているわけです。逆にいえば、それだけ**国民情報の取り扱いをめぐる今改革の影響度**を示しているといえます。

## ▌「情報を受け取る側」に課せられた義務

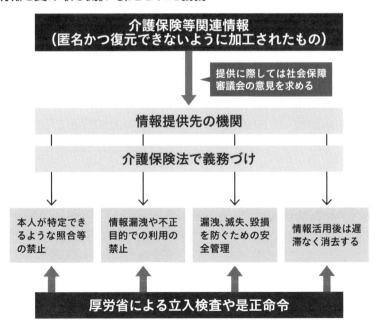

# 介護保険をめぐる情報は
# どこまで連結・拡充?

ここが
変わる!

- ✅ 介護保険に関する調査・研究で、医療保険の情報を連結して活用することが可能になった
- ✅ 介護保険関連のDBに、VISITとCHASEという2つのDBが加わった　**2020年4月から施行済**

## 介護保険等関連情報と連結される医療情報

　前章では、高齢者の健康寿命を延ばすための調査・研究に向け、2019年の法改正で、介護保険をめぐる情報（介護保険等関連情報）の活用範囲を広げたという流れについて述べました。

　この章では、その情報の範囲をさらに拡大したり、質を拡充させたりするためのしくみがほどこされた点にスポットを当てます。

　まず「情報の範囲」ですが、これについては、2019年の法改正から着手されています。この点を下敷きとして確認しておきましょう。

　前章で、介護保険の地域支援事業と、医療保険の高齢者保健事業、国保保健事業の「一体的な提供」が可能になった話を取り上げました。

　それにともない、高齢者の健康寿命を延ばす効果を上げるべく、**本人をめぐる介護保険側の情報と保健事業側の情報を「一体的に活用できる」というしくみ**も設けられました。

　この情報の「一体的な活用」については、前章で述べた調査・研究に際しても同様です。具体的には、**介護保険等関連情報にプラスして、医療に要する（地域別・年齢別・疾病別の）費用の状況など、医療に関する情報と「連結」して使うことができる**というわけです。

## 介護保険の中にもさまざまなデータベースがある

上記のように、調査・研究を目的にした介護保険側と医療保険側の情報の「連結」は、2019年の法改正で実現しました（介護保険法第115条の45第5項〜第9項）。一方、介護保険の中で新たなDBが誕生し、法律で規定されているもの以外の情報も広がりつつあります。この「介護保険」内の幅広い情報の活用という点も大きな課題となってきました。

もともと法律で規定された介護保険の情報というのは、要介護認定情報や介護レセプト情報です。前者は2009年から、後者は2012年から収集され、2018年から市町村によるデータ提供が義務化されています。

これを集積したものが、**介護保険総合データベース（DB）**です。そして、ここに2つのDBが加わりました。それが、**VISIT**と**CHASE**です。

### ■ 介護関連データベースの構成

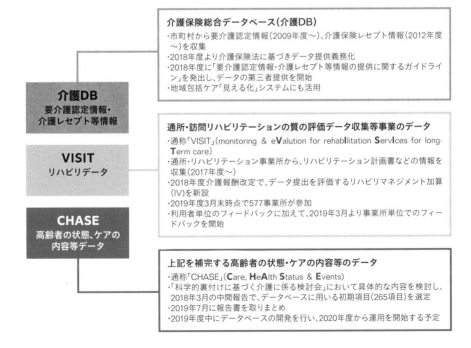

**介護DB**
要介護認定情報・
介護レセプト等情報

**介護保険総合データベース(介護DB)**
・市町村から要介護認定情報(2009年度〜)、介護保険レセプト情報(2012年度〜)を収集
・2018年度より介護保険法に基づきデータ提供義務化
・2018年度に「要介護認定情報・介護レセプト等情報の提供に関するガイドライン」を発出し、データの第三者提供を開始
・地域包括ケア「見える化」システムにも活用

**VISIT**
リハビリデータ

**通所・訪問リハビリテーションの質の評価データ収集等事業のデータ**
・通称「VISIT」(monitoring & eValuation for rehabIlitation Services for long-Term care)
・通所・リハビリテーション事業所から、リハビリテーション計画書などの情報を収集(2017年度〜)
・2018年度介護報酬改定で、データ提出を評価するリハビリマネジメント加算(IV)を新設
・2019年3月末時点で577事業所が参加
・利用者単位のフィードバックに加えて、2019年3月より事業所単位でのフィードバックを開始

**CHASE**
高齢者の状態、ケアの
内容等データ

**上記を補完する高齢者の状態・ケアの内容等のデータ**
・通称「CHASE」(Care, HeAlth Status & Events)
・「科学的裏付けに基づく介護に係る検討会」において具体的な内容を検討し、2018年3月の中間報告で、データベースに用いる初期項目(265項目)を選定
・2019年7月に報告書を取りまとめ
・2019年度中にデータベースの開発を行い、2020年度から運用を開始する予定

## VISIT、CHASEはそれぞれ何を分析するか？

　VISITの正式名称は、「通所・訪問リハビリの質の評価データ収集等事業のデータ」といいます。その名の通りリハビリサービスに関するDBで、事業所からリハビリ計画書等の情報を収集し、分析します。

　収集に際しては、報酬上の加算（リハビリマネジメント加算Ⅳ）でインセンティブをほどこし、データ提出事業所にはDBの分析結果をフィードバックして現場のリハビリに活かしてもらうというしくみです。

　もう１つのDBとなるCHASEは、2020年度から運用が開始されたものです。こちらは、介護現場における高齢者の状態やケアをデータ化し、どのようなケアを行えば、利用者の自立度や生活意欲が高まるかといった**「介護を科学的に分析する」**ものです。

　こちらについては、介護現場にICT等を導入するための補助金支給に際して、条件としてデータ提供を求めています。

### ▎VISITの運用イメージ

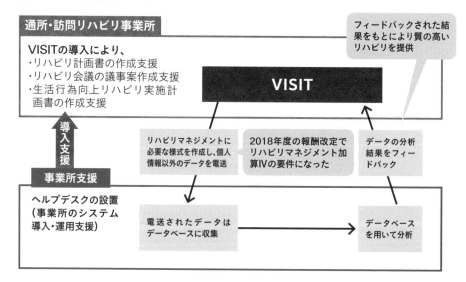

# 介護保険等関連情報に新たな項目が追加

ここが
変わる！

- VISIT、CHASEの稼働につき、厚労省による調査・分析などを行う範囲が拡大
- 市町村だけでなく、介護サービス事業者も「情報を求められる」立場になった　2021年4月から施行

## 調査・分析、結果の公表での追加項目

　2020年改正では、**市町村の介護保険事業計画の策定のための「調査・分析、結果公表」の範囲が拡大**されました（介護保険法第118条の２）。

　これは、調査・分析のために収集される介護保険等関連情報の範囲が拡大されたことを意味します。想定されているのは、前項で述べたVISITやCHASEといった新DBに集積された情報です。

　条文では、「調査・分析、結果公表」の範囲の追加について、以下のように記されています。

①要介護者などに提供される介護サービスの内容、サービス提供が行われたことによる要介護者などの心身の状況など

②地域支援事業の実施の状況

③①、②とも、その他厚労省令で定める内容

　①が、前項で述べたVISITやCHASEによる解析を前提としたものといえます。②は、給付サービス以外を想定したもので、総合事業などの内容について掘り下げたものと考えていいでしょう。

　なお、③にあるように、いずれも「厚労省令で定める」としている点から、厚労省としてのフリーハンド部分が大きくなっています。つまり、

今後も集積される情報の範囲が拡大する可能性もあるわけです。

## 介護サービス事業者も「情報提供」の対象に

　この追加された「調査・分析、結果公表」については、厚労省が「努める」とされています。

　前項で述べた要介護認定情報や介護レセプト情報の調査・分析、結果の公表と異なり、**努力義務**とされているわけです。このあたりは、新DBがどれだけ稼働するかにかかっているといえます。

　そして、注目したいのが、**この調査・分析のための情報を「どこから」収集するか**ということです。改正前の要介護認定情報や介護レセプト情報については、厚労省が情報提供を求めるのは都道府県や市町村であり、特に市町村に対しては「求めに応じる」ことを義務づけていました。

　これに対し、追加された調査・分析に関する情報については、都道府

**■ 厚労省が行う「調査・分析、結果公表」の範囲**

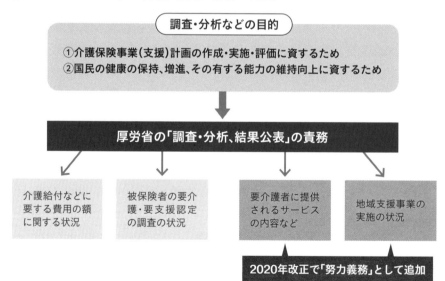

調査・分析などの目的

①介護保険事業（支援）計画の作成・実施・評価に資するため
②国民の健康の保持、増進、その有する能力の維持向上に資するため

厚労省の「調査・分析、結果公表」の責務

| 介護給付などに要する費用の額に関する状況 | 被保険者の要介護・要支援認定の調査の状況 | 要介護者に提供されるサービスの内容など | 地域支援事業の実施の状況 |

2020年改正で「努力義務」として追加

県や市町村のほか、介護サービス事業者に対しても、厚労省は「求めることができる」とされています。

## 情報収集のためのインセンティブが追加される可能性も

前項で述べたように、VISITやCHASEに集積される情報については、介護報酬の要件や補助金の条件によって「集める」ためのインセンティブがほどこされています。こうした厚労省の施策を、今回の改正法で根拠づけたということになるでしょう。

逆にいえば、**これから介護サービス事業者に対して、情報収集のための手段がさらに増えていく可能性がある**わけです。どのようなインセンティブが追加されるかについて、今後も注意を払うことが必要です。

### ■ CHASEに関する介護サービス事業者の情報提供のしくみ

ICT導入支援事業 ← 地域医療介護
総合確保基金による

事業内容
介護分野におけるICT化を進めるため、介護ソフトおよびタブレット
端末等に関する導入費用の一部を助成する

**2020年度補助上限額**

| 職員1〜10人 | 50万円 |
| 職員11〜20人 | 80万円 |
| 職員21〜30人 | 100万円 |
| 職員31人〜 | 130万円 |

要件

・記録業務、情報共通業務、請求業務までが一気通貫になること
・ケアマネ事業所との情報連携に際して標準仕様を活用すること
・CHASEによる情報収集に対応すること
・事業所はICT導入に関する他事業者からの照会などに応じること
・導入効果を報告すること
・県として導入事務所を公表すること
など

# 介護保険等の情報に 関するその他のしくみ

ここが 変わる！

- ☑ 医療・介護に関する情報を正確に「連結」する ために、被保険者番号を活用することに
- ☑ 連結情報提供に際して情報漏えいがあった場合 には罰則も

公布日から2年以内に施行

## 複数の情報を正確に「連結」させるしくみ

　介護保険や医療保険に関する情報（介護保険等関連情報）については、その収集から調査、分析、利用・提供に関する事務を厚労省から委託を受けて手がける機関があります。

　まずこの点を確認しましょう。

　委託を受ける者は、社会保険診療報酬支払基金（支払基金）、もしくは国民健康保険団体連合会（国保連）、その他厚労省令で定める者となっています（介護保険法では2019年の改正で規定）。

　このうち、**厚労省令で定める者を連結情報照会者**といいます。もちろん、医療や介護に関する複数の制度にまたがる情報を「連結」させながら、調査・分析を行うという意味からの呼称です。

　この場合の「連結」というのは、たとえば以下のような具合をいいます。

　Ａという人の診療に関する情報があったとして、それがその人の介護の状況にどうかかわってくるのかを調べるといった具合です。これにより、医療と介護の関連性について掘り下げることができます。

　しかし、このＡという人の情報は個人情報保護の観点から匿名加工されています。となれば、そのままでは「連結」できません。

## 被保険者番号の活用と漏えい等へのリスク対策

代わりに**どうやって「連結」するかといえば、医療・介護それぞれの情報に関する被保険者番号を活用する**ことです。

具体的には、先に述べた支払基金および国保連に対して被保険者番号を提供したうえで、その番号履歴から情報を得るというわけです。

**支払基金、国保連に対しては手数料を支払うことが必要ですが、別途、政府から費用の一部が補助される**ことも定められました（医療介護総合確保法第39条）。

ただし、この時点で支払基金や国保連側からの個人情報の漏えいというリスクが生じることになります。そこで、支払基金や国保連の役員・職員に対して、**正当な理由なく知り得た情報を漏らした場合の罰則（1年以下の懲役もしくは100万円以下の罰金）**が設けられました（同法第40条）。

### ■ 保健・医療・介護情報を正確に「連結」させるしくみ

医療介護総合確保法（地域における医療及び介護の総合的な確保の促進に関する法律）で規定

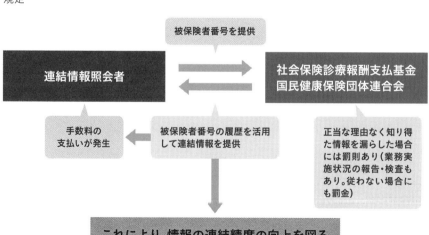

ここもチェックしよう!

# 新型コロナで大ダメージ 介護サービス現場への 支援はどうなる?

　2020年の介護業界は、新型コロナウイルスの感染拡大でサービス休止を強いられるなど現場運営が深刻なダメージを受けています。

　国は、早期から介護報酬上の特例措置などを示してきました。加えて、サービスの持続性確保や現場従事者の負担に応えるための新たな予算措置などを講じています。主だったものを紹介します。

## 介護報酬上の主な対応について

**訪問介護：**感染リスクを下げるなどで訪問時間を短縮した場合でも、標準的な時間で算定可。生活援助で提供時間が20分未満となった場合でも、20分以上45分未満の報酬算定を可能にするなど。

**通所系サービス：**「事業所でのサービス提供」と「事業所職員による訪問でのサービス提供」を適宜組み合わせて実施する場合でも、柔軟な算定が可能。通常の事業所以外(公民館など)でサービス提供を行った場合でも、提供時間に応じた算定が可能など。

**居宅介護支援：**感染防止の観点から月１回のモニタリングができない場合であっても、柔軟な取り扱いが可能に。感染拡大によってケアプランで予定されていたサービス利用等がなくなった場合でも、必要な書類の整備を行っていれば居宅介護支援費の請求が可能に。

## 一次補正予算による対応について

　介護施設等への**布製マスク**の配布／介護施設等の**消毒、洗浄経費**の補助／入所系の介護施設等における**簡易陰圧装置・換気設備**の設置に関する経費の補助／職員が不足する施設に対して、**応援職員**の派遣調整に関する事務費を補助／応援職員の**旅費・宿泊経費**などの補助（人件費については介護報酬で対応）／休業要請を受けたり、利用者・職員に感染者が発生したケース、濃厚接触者に対応したケースなどで、**事業継続に必要な人員確保**のためのかかり増し経費を補助／通所系サービスで訪問サービスを実施する場合の**人員確保**のためのかかり増し経費を補助／医療・福祉事業に対する無利子・無担保等の**危機対応融資**の拡充（実施主体は福祉医療機構。二次補正予算によって、無担保による支援枠を最大１億円まで拡充）。

## 二次補正予算による対応について

**介護施設・事業所に勤務する職員への慰労金の支給**：新型コロナ感染症の発生、または濃厚接触者に対応した施設・事業所の職員（職種にかかわらず）に１人20万円を支給。それ以外の施設・事業所に勤務する職員に対しても１人５万円を支給。

**サービス利用休止中の利用者への利用再開支援**：サービス利用を休止していた利用者が、利用を再開するに際して、本人・家族の意向確認や再開に向けた環境整備などを行った場合に、介護報酬とは別に公費での上乗せを行う。

**介護分野における効果的な感染防止等の取り組み支援事業**：感染防止に関する現場の疑問に応える相談窓口の設置。事業継続計画（BCP）の策定支援。感染対策のマニュアル提供と専門家による研修など。職員のメンタルヘルスに関する専門家による相談支援など。

注：2020年6月26日現在

# 「給付と負担」の見直しは ほとんどが見送りに

**ここが 変わる！**

- ✔「給付と負担」の関係について財務省が建議していた見直し案は、ほとんどが見送りに
- ✔2021年度からの利用者の「お金」に関する見直しは2点のみ **施行時期は未定**

## 2割負担を原則とするなどの案が示されたが……

　今回の介護保険制度の見直しについては、その議論の段階で、「給付と負担」のしくみでの大胆な見直しが予測されていました。

　というのは、団塊世代が全員75歳以上となる2025年までに、介護保険財政がさらにひっ迫するという観測があるからです。

　財務省の試算では、**2025年度の介護総費用は対2019年度比で3割増の15.3兆円にのぼる**としています。また、65歳以上の人が支払う1号保険料の月あたり平均も、7200円まで上昇すると推計しています。

　そのうえで財務省は、2021年度に向けた介護保険制度の見直しに際し、「給付と負担」について以下のような見直しを求めていました。

① 1～3割となっている利用者負担割合について、現在5％程度となっている「2割負担者」を、原則2割とすることで割合を引き上げる

② 現在は負担ゼロである「居宅のケアマネジメント」について、一定の利用者負担を求めることとする

③ 特養以外の施設の多床室について、現在は発生していない室料負担を利用者に求めることとする

④ 介護保険施設の補足給付に関する預貯金等の基準を見直す

## 厚労省側の審議会で異論が続出し、今回は見送り

　この他にも、要介護１・２の人の生活援助サービスなどを地域支援事業（総合事業）に移行させるという案も提示されていました。

　介護給付から外すという意味では、これも「給付と負担」の関係をめぐる改革の１つと位置づけられます。

　しかし、これらの改革案は、**厚労省の社会保障審議会（介護保険部会）では異論が多く、結果としてほとんどが見送り**となりました。

　ただし「ゼロ回答」というわけではなく、制度の持続可能性の確保という観点から、**「高額介護サービス費に関する月あたり負担限度額」と「施設の補足給付」の２点で見直し**が図られることになりました。

### ■ 介護費用、保険料、利用者負担の推移

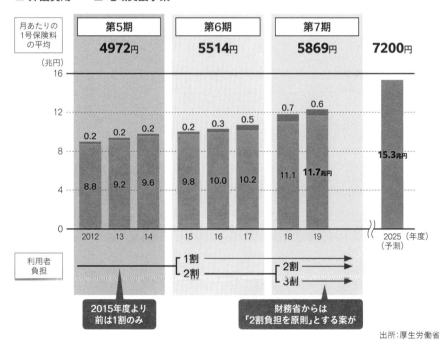

出所：厚生労働省

省令による改正

# 月あたり負担限度額は 現役並み所得層を細分化

ここが変わる!

☑ 月あたり自己負担限度額のうち、「現役並み所得」の層を3区分に

☑ 年収約770万円以上の上位2区分の限度額を引き上げ

施行時期は未定

## 現行では「現役並み所得」は一律に月額4万4400円

ご存じのとおり、介護保険では、サービス利用時の自己負担（1〜3割）に「月あたりの限度額」が設定されています（原則として世帯合計ですが、一部個人で設定されているケースもあり）。この限度額をオーバーすると、超過分は高額介護サービス費として払い戻されます。

この自己負担限度額は、4つの所得段階ごとに設定されています。このうち、第1〜3段階については市町村民税非課税世帯となっていて、第4段階は「それ以外」というくくりになります。

ちなみに、現行では第4段階の限度額は4万4400円となっています。

今回の見直しでは、この第4段階のうち**「現役並み所得相当（年収約383万円以上）」の一部が引き上げ**られます。

## 医療保険の高額療養費のしくみに合わせた見直し

具体的には、以下のとおりです。

① 「現役並み所得相当」の層が、年収によって3区分される

② ①のうち、年収約770万円以上の上位2区分（年収1160万円で区分される）の限度額がそれぞれに引き上げられる

詳細については、図を参照してください。**施行時期は未定ですが、2021年8月からとなる可能性が高い**でしょう。

この見直しは、医療保険の高額療養費の区分に合わせたものです。

そもそも高額介護サービス費は、制度が創設された時から高額療養費制度を踏まえて定められてきました。

この**高額療養費のうちの70歳以上の人に関しては、2018年8月に「現役並み所得」の層が3区分**されました。今回の高額介護サービス費の見直しは、この高額療養費の見直しを受けたものというわけです。

なお、第4段階については、1割負担者のみの世帯について年間の上限額（44万6400円）が設定されていました。これは3年間の時限的措置だったため、今年8月に廃止されています。

## ■ 第4段階の所得区分で、何が変わるか？

現行

| 第4段階 | 月あたり自己負担限度額 |
|---|---|
| 一般<br>（市町村民税課税世帯で<br>年収約383万円未満）<br><br>**現役並み所得<br>（年収約383万円以上）** | ともに月4万4400円 |

現役並み所得の層が見直し対象

改定後

| 収入要件 | 世帯の上限額 |
|---|---|
| 年収約1160万円以上 | 14万100円 |
| 年収約770万円～約1160万円未満 | 9万3000円 |
| 年収約383万円～約770万円未満 | 4万4400円（据え置き） |

出所：2019年12月27日 老健局資料

# 施設等の補足給付の 見直しについて

ここが 変わる!

- ✓ 補足給付の所得区分の第3段階を2区分へ。高い区分については、自己負担を引き上げ
- ✓ 補足給付における預貯金勘案の基準も見直し。給付のハードルがあがった　施行時期は未定

## 補足給付と保険料で区分条件にズレがある

「給付と負担」、つまり「お金」に関するもう1つの見直しが、**介護保険施設等に入所した場合の補足給付**についてです。

施設入所（短期入所を含む）に際しては、サービス利用料のほかに居住費・食費の負担が生じます。ただし、低所得者については、所得段階に応じた負担額が設定されています。

その負担額と、国が設定する基準額の「差額」を支給するしくみが補足給付（居住費・食費の助成）です。

この「補足給付の所得段階（①）」は、現行で4区分されています。4つという区分数は「保険料に係る所得段階（②）」と同じなのですが、それぞれに該当する「収入」の条件が異なっています。

たとえば、「市町村民税非課税世帯で、本人の年金収入80万円以上」という条件で比較すると、①は「第3段階」ですが、②になると「第2段階」「第3段階」と2つに分かれています。②の第2・第3の分かれ目は、本人の年金収入が120万円「以下」か「超」という具合です。

この「市町村民税非課税世帯で、本人の年金収入80万円以上」という線引きについて、①と②で整合性をとろうというのが、今回の補足給

付に関する１つめの見直しです。

　具体的には、①の第３段階について、②と同じく「本人の年金収入120万円」のラインで２区分（第３段階（１）と（２））するというわけです。新たに２区分するとなれば、当然、補足給付額にも差をつけることになります。ここで負担増が発生します。

　対象となるのは「第３段階(２)」です。どこまで上乗せするかというと、**これまでの「第３段階」と「第４段階」の本人の支出額の２分の１**となります。両者の間をとったことになります（「第４段階」は補足給付が発生しないので、支出額は介護保険３施設の平均をとっている）。

　なお、**短期入所の補足給付についても、同様の見直し**が行われます。ただし、食費がやはり給付外となっている通所介護との均衡も図られたために、各所得段階で少しずつ上乗せが行われました。

## ▌補足給付における所得段階を見直し

| | 第１段階 | 第２段階 | 第３段階 | | 第４段階 |
|---|---|---|---|---|---|
| 補足給付の所得段階(①)(現行) | ・生活保護被保護者<br>・世帯全員が市町村民税非課税の老齢福祉年金受給者 | 世帯全員が市町村民税かつ本人年金収入等80万円以下 | 世帯全員が市町村民税非課税かつ本人年金収入80万円超 | | ・世帯に課税者がいる<br>・本人が市町村民税課税 |

| | 第１段階 | 第２段階 | 第３段階(１) | 第３段階(２) | 第４段階 |
|---|---|---|---|---|---|
| 補足給付の所得段階(見直し案) | ・生活保護被保護者<br>・世帯全員が市町村民税非課税の老齢福祉年金受給者 | 世帯全員が市町村民税かつ本人年金収入80万円以下 | 世帯全員が市町村民税非課税かつ本人年金収入等80万円超120万円以下 | 世帯全員が市町村民税非課税かつ本人年金収入等120万円超 | ・世帯に課税者がいる<br>・本人が市町村民税課税 |

**保険料段階との整合性がとられた**

| | 第１段階 | 第２段階 | 第３段階 | 第４段階 |
|---|---|---|---|---|
| 保険料に係る所得段階(②) | 第１段階<br>非課税 | 第２段階<br>本人年金収入等80万円超120万円以下 | 第３段階<br>本人年金収入等120万円超 | 第４段階：<br>・第4,5段階：本人が市町村民税非課税（世帯に課税者がいる）<br>・第6段階〜：本人が市町村民税課税 |

## 預貯金基準が1000万円以下から大幅引き下げ

　ところで、補足給付については、2015年8月から本人の収入だけでなく「預貯金」等も勘案されています。つまり、**一定以上の預貯金等の資産がある場合には、補足給付の対象から外される**ことになります。

　この預貯金等における「一定以上」の基準について、所得段階ごとに設定することとなりました。また、この場合でも第3段階について2区分し、それぞれに設定額が設けられます。

　具体的には、これまで単身者で「1000万円以下」だったのを、第2段階で「650万円以下」、第3段階（1）で「550万円以下」、第3段階（2）で「500万円以下」に。補足給付のハードルが上がったことになります。

### ■ 所得段階の見直しで、第3段階（2）はどれだけの負担増になるか？

特別養護老人ホーム・多床室の場合

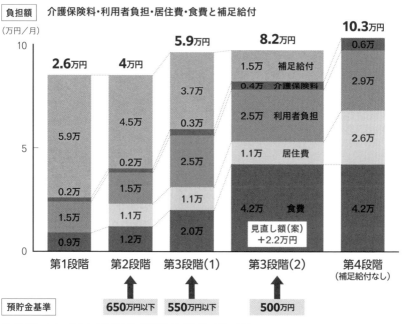

注：棒グラフの上の数字は介護保険料・利用者負担・居住費・食費の合計

令和2(2020)年3月6日提出

# 地域共生社会の実現のための
# 社会福祉法等の一部を改正する法律案要綱

## 第一 改正の趣旨

　地域共生社会の実現を図るため、地域生活課題の解決に資する支援を包括的に行う市町村の事業に対する交付金及び国等の補助の特例の創設、地域の特性に応じた介護サービス提供体制の整備等の推進、医療・介護のデータ基盤の整備の推進、社会福祉連携推進法人に係る所轄庁の認定制度の創設、介護人材確保及び業務効率化の取組の強化等の所要の措置を講ずること。

## 第二 社会福祉法の一部改正

### 一 包括的な支援体制の整備に関する事項
### 1 地域福祉の推進に関する事項

(一) 地域福祉の推進は、地域住民が相互に人格と個性を尊重し合いながら、参加し、共生する地域社会の実現を目指して行われなければならないこと。(第四条第一項関係)

(二) 国及び地方公共団体は、地域生活課題の解決に資する支援が包括的に提供される体制の整備その他地域福祉の推進のために必要な各般の措置を講ずるよう努めるとともに、当該措置の推進に当たっては、保健医療、労働、教育、住まい及び地域再生に関する施策その他の関連施策との連携に配慮するよう努めなければならないこと。(第六条第二項関係)

(三) 国及び都道府県は、市町村において重層的支援体制整備事業その他地域生活課題の解決に資する支援が包括的に提供される体制の整備が適正かつ円滑に行われるよう、必要な助言、情報の提供その他の援助を行わなければならないこと。(第六条第三項関係)

(四) 厚生労働大臣は、重層的支援体制整備事業をはじめとする施策に関して、その適切かつ有効な実施を図るため必要な指針を公表するものとすること。(第百六条の三第二項関係)

### 2 重層的支援体制整備事業に関する事項

(一) 市町村は、地域生活課題の解決に資する包括的な支援体制を整備するため、次に掲げる社会福祉法に基づく事業並びに介護保険法、障害者の日常生活及び社会生活を総合的に支援するための法律、子ども・子育て支援法及び生活困窮者自立支援法(以下「各法」という。)に基づく事業を一体のものとして実施することにより、地域生活課題を抱える地域住民及びその世帯に対する支援体制並びに地域住民等による地域福祉の推進のために必要な環境を一体的かつ重層的に整備する事業として、重層的支援体制整備事業を行うことができること。(第百六条の四関係)

イ 地域生活課題を抱える地域住民及びその家族その他の関係者からの相談に包括的に応じ、利用可能な福祉サービスに関する情報の提供及び助言、支援関係機関との連絡調整並びに高齢者、障害者等に対する虐待の防止及びその早期発見のための援助等の便宜の提供を行うため、各法の事業を一体的に行う事業

ロ 地域生活課題を抱える地域住民であって、社会生活を円滑に営む上での困難を有するものに対し、支援関係機関と民間団体との連携による支援体制の下、活動の機会の提供、訪問による必要な情報の提供及び助言その他の社会参加のために必要な便宜の提供を行う事業

ハ 地域住民が地域において自立した日常生活を営み、地域社会に参加する機会を確保するための支援並びに地域生活課題の発生の防止又は解決に係る体制の整備及び地域住民相互の交流を行う拠点の開設等の援助を行うため、各法の事業を一体的に行う事業

ニ 地域社会からの孤立が長期にわたる者その他の継続的な支援を必要とする地域住民及びその世帯に対し、訪問により状況を把握した上で相談に応じ、利用可能な福祉サービスに関する情報の提供及び助言等の

便宜の提供を包括的かつ継続的に行う事業
　ホ　複数の支援関係機関相互間の連携による支援を必要とする地域住民及びその世帯に対し、複数の支援関係機関が、当該地域住民及びその世帯が抱える地域生活課題を解決するために、相互の有機的な連携の下、その解決に資する支援を一体的かつ計画的に行う体制を整備する事業
　ヘ　複数の支援関係機関の連携体制による支援が必要であると市町村が認める地域住民に対し、包括的かつ計画的な支援を行う事業
（二）市町村は、重層的支援体制整備事業を実施するときは、第百六条の三第二項の指針に則して、重層的支援体制整備事業を適切かつ効果的に実施するため、重層的支援体制整備事業実施計画を策定するよう努めること。（第百六条の五関係）
（三）市町村は、支援関係機関、重層的支援体制整備事業の委託を受けた者、地域生活課題を抱える地域住民に対する支援に従事する者その他の関係者により構成される会議を組織することができること。（第百六条の六関係）
（四）重層的支援体制整備事業の実施に要する費用は市町村の支弁とすること。（第百六条の七関係）
（五）国及び都道府県は、市町村に対し、重層的支援体制整備事業の実施に要する費用に充てるための交付金を交付すること。（第百六条の八及び第百六条の九関係）
（六）重層的支援体制整備事業に係る特例
　市町村が重層的支援体制整備事業を実施する場合は、各法に基づく事業についての市町村の支弁に係る費用から重層的支援体制整備事業に要する費用を除くための必要な読替えを行うこと。（第百六条の十一関係）
（七）地域福祉計画の見直しに関する事項
　イ　市町村地域福祉計画において、地域生活課題の解決に資する支援が包括的に提供される体制の整備に関する事項を定めるよう努めるものとすること。（第百七条第一項関係）
　ロ　都道府県地域福祉支援計画において、地域生活課題の解決に資する支援が包括的に提供される体制の整備の実施の支援に関する事項を定めるよう努めるものとすること。（第百八条第一項関係）

**二　社会福祉連携推進法人に関する事項**

**1　所轄庁の認定等**

（一）イからヘまでに掲げる業務（以下「社会福祉連携推進業務」という。）を行おうとする一般社団法人は、（三）に掲げる基準に適合する一般社団法人であることについての所轄庁の認定（以下「社会福祉連携推進認定」という。）を受けることができるものとすること。（第百二十五条関係）
　イ　地域福祉の推進に係る取組を社員が共同して行うための支援
　ロ　災害が発生した場合における社員（社会福祉事業を経営する者に限る。ハ、ホ及びヘにおいて同じ。）が提供する福祉サービスの利用者の安全を社員が共同して確保するための支援
　ハ　社員が経営する社会福祉事業の経営方法に関する知識の共有を図るための支援
　ニ　資金の貸付けその他の社員（社会福祉法人に限る。）が社会福祉事業に係る業務を行うのに必要な資金を調達するための支援として厚生労働省令で定めるもの
　ホ　社員が経営する社会福祉事業の従事者の確保のための支援及びその資質の向上を図るための研修
　ヘ　社員が経営する社会福祉事業に必要な設備又は物資の供給
（二）社会福祉連携推進認定の申請は、社員の氏名又は名称、社会福祉連携推進業務を実施する区域等を記載した社会福祉連携推進方針その他厚生労働省令で定める書類を添えてしなければならないものとすること。（第百二十六条関係）
（三）所轄庁は、社会福祉連携推進認定の申請をした一般社団法人が次に掲げる基準に適合すると認めるときは、当該法人について社会福祉連携推進認定をすることができるものとすること。（第百二十七条関係）
　イ　その設立の目的について、社員の社会福祉に係る業務の連携を推進し、並びに地域における良質かつ適切な福祉サービスの提供及び社会福祉法人の経営基盤の強化に資することが主たる目的であること。
　ロ　社員の構成について、社会福祉法人その他社会福祉事業を経営する者又は社会福祉法人の経営基盤を強化するために必要な者として厚生労働省令で定める者を社員とし、社会福祉法人である社員の数が社員の過半数であること。

- ハ 社会福祉連携推進業務を適切かつ確実に行うに足りる知識及び能力並びに財産的基礎を有するものであること。
- ニ 社員の資格の得喪に関して、イの目的に照らし、不当に差別的な取扱いをする条件その他の不当な条件を付していないものであること。
- ホ 定款において、一般社団法人及び一般財団法人に関する法律第十一条第一項各号に掲げる事項のほか、必要事項を記載し、又は記録していること。

## 2 委託募集の特例

(一)社会福祉連携推進法人の社員（社会福祉事業を経営する者に限る。）が、当該社会福祉連携推進法人をして社会福祉事業に従事する労働者の募集に従事させようとする場合において、当該社会福祉連携推進法人が社会福祉連携推進業務として当該募集に従事しようとするときは、職業安定法第三十六条第一項及び第三項の規定は、当該社員については、適用しないものとすること。（第百三十四条第一項関係）

## 3 所轄庁による監督等の社会福祉法人に関する規定の準用等

(一)社会福祉連携推進法人の所轄庁は、社会福祉法人に関する規定を準用するものとすること。（第百三十一条関係）

(二)社会福祉連携推進法人の計算、解散及び清算、役員等並びに社会福祉連携推進認定をした所轄庁（（三）において「認定所轄庁」という。）による監督については、社会福祉法人に関する規定を準用するものとすること。（第百三十八条第一項、第百四十一条、第百四十三条第一項及び第百四十四条関係）

(三)社会福祉連携推進法人の代表理事の選定及び解職は、認定所轄庁の認可を受けなければ、その効力を生じないものとすること。（第百四十二条関係）

## 三 その他

その他所要の改正を行うこと。

## 第三 介護保険法の一部改正

## 一 国及び地方公共団体の責務に関する事項

国及び地方公共団体は、保険給付に係る保健医療サービス及び福祉サービスに関する施策等を包括的に推進するに当たっては、地域住民が相互に人格と個性を尊重し合いながら、参加し、共生する地域社会の実現に資するよう努めなければならないものとすること。（第五条第四項関係）

## 二 認知症に関する施策の総合的な推進等に関する事項

1 国及び地方公共団体は、研究機関、医療機関、介護サービス事業者等と連携し、認知症（アルツハイマー病その他の神経変性疾患、脳血管疾患その他の疾患により日常生活に支障が生じる程度にまで認知機能が低下した状態として政令で定める状態をいう。以下同じ。）の予防等に関する調査研究の推進並びにその成果の普及、活用及び発展に努めるとともに、地域における認知症である者への支援体制の整備その他の認知症に関する施策を総合的に推進するよう努めなければならないものとすること。（第五条の二第二項及び第三項関係）

2 国及び地方公共団体は、認知症に関する施策の推進に当たっては、認知症である者が地域社会において尊厳を保持しつつ他の人々と共生することができるように努めなければならないものとすること。（第五条の二第四項関係）

## 三 市町村が地域支援事業を行うに当たっては、介護保険等関連情報その他必要な情報を活用し、適切かつ有効に実施するよう努めるものとすること。（第百十五条の四十五第五項関係）

## 四 介護保険事業計画の見直しに関する事項

1 市町村介護保険事業計画について、介護給付等対象サービス等に従事する者の確保及び資質の向上並びにその業務の効率化及び質の向上に資する都道府県と連携した取組に関する事項、認知症に関する施策の総合的な推進に関する事項並びに有料老人ホーム及び高齢者の居住の安定確保に関する法律に規定する登録住宅（２及び第四の二の３において「登録住宅」という。）のそれぞれの入居定員総数について定めるよう努めるものとするほか、当該市町村の区域における人口構造の変化の見通しを勘案して作成されなければならないものとすること。（第百十七条第三項及び第四項関係）

2 都道府県介護保険事業支援計画について、介護給付等対象サービス等に従事する者の業務の効率化及び質の向上に資する事業に関する事項並びに有料老人ホーム及び登録住宅のそれぞれの入居定員総数について定めるよう努めるものとすること。（第百十八条第三項関係）

## 五　介護保険事業計画の作成等のための調査及び分析等に関する事項

1 厚生労働大臣は、厚生労働省令で定める介護サービスを利用する要介護者等に提供される当該サービスの内容等及び地域支援事業の実施の状況等の事項について調査及び分析を行い、その結果を公表するよう努めるものとするとともに、必要があると認めるときは、介護サービス事業者及び特定介護予防・日常生活支援総合事業を行う者に対し、介護保険等関連情報を、厚生労働省令で定める方法により提供するよう求めることができるものとすること。（第百十八条の二関係）

## 六　その他

その他所要の改正を行うこと。


## 第四　老人福祉法の一部改正

## 一　老人福祉計画の見直しに関する事項

1 市町村老人福祉計画について、老人福祉事業に従事する者の確保及び資質の向上並びにその業務の効率化及び質の向上のために講ずる都道府県と連携した措置に関する事項について定めるよう努めるものとすること。（第二十条の八第三項関係）

2 都道府県老人福祉計画について、老人福祉事業に従事する者の業務の効率化及び質の向上のために講ずる措置に関する事項について定めるよう努めるものとすること。（第二十条の九第三項関係）

## 二　有料老人ホームの設置の届出等に関する事項

1 有料老人ホームを設置しようとする者が都道府県知事に届け出なければならない事項の一部及び当該届出をした者が届出に変更が生じたときに都道府県知事に届け出なければならない事項について、厚生労働省令で定める事項とすること。（第二十九条第一項及び第二項関係）

2 都道府県知事は、有料老人ホームの設置等の届出がされたときは、遅滞なく、その旨を、当該届出に係る有料老人ホームの設置予定地又は所在地の市町村長に通知するものとすること。（第二十九条第四項関係）

3 市町村長は、設置等の届出がされていない疑いがある有料老人ホーム（登録住宅を除く。）を発見したときは、遅滞なく、その旨を、当該有料老人ホームの設置予定地又は所在地の都道府県知事に通知するよう努めるものとすること。（第二十九条第五項関係）


## 第五　地域における医療及び介護の総合的な確保の促進に関する法律の一部改正

## 一　社会保険診療報酬支払基金の業務の特例に関する事項

社会保険診療報酬支払基金は、当分の間、医療機関等が行う地域において効率的かつ質の高い医療提供体制を構築するための医療機関等の提供する医療に係る情報化の促進に要する物品を調達し、及び提供する業務（医療機関等の申出に応じて当該物品を調達し、及び提供する業務を含む。）を行うものとすること。（附則第一条の二関係）

二　国民の保健医療の向上及び福祉の増進に資する情報の分析等の推進に関する事項

　　1　高齢者の医療の確保に関する法律の規定により厚生労働大臣から委託を受けて医療保険等関連情報を収集する者、介護保険法の規定により厚生労働大臣から委託を受けて介護保険等関連情報を収集する者その他の保健医療等情報（法律の規定に基づき調査若しくは分析又は利用若しくは提供が行われる医療保険等関連情報、介護保険等関連情報その他の情報であってその調査若しくは分析又は利用若しくは提供が国民の保健医療の向上及び福祉の増進に資するものをいう。以下同じ。）を収集する者として厚生労働省令で定める者は、保健医療等情報を正確に連結するため、社会保険診療報酬支払基金又は国民健康保険団体連合会（以下「支払基金等」という。）に対し、当該保健医療等情報に係る医療保険被保険者番号等を提供した上で、保健医療等情報を正確に連結するために必要な情報として厚生労働省令で定めるものの提供を求めることができるものとすること。（第十二条第一項関係）

　　2　支払基金等は、1による求めがあったときは、電子資格確認の事務に係る医療保険被保険者番号等を利用し、保健医療等情報を正確に連結するために必要な情報として厚生労働省令で定めるものを提供することができるものとすること。（第十二条第二項関係）

　　3　支払基金等は、2による情報の提供及びこれに附帯する業務を行うものとすること。（第二十四条及び第三十五条関係）

　　4　政府は、予算の範囲内において、支払基金等に対し、2による情報の提供に要する費用の一部を補助することができるものとすること。（第三十九条関係）

三　その他

　その他所要の改正を行うこと。

## 第六　社会福祉士及び介護福祉士法等の一部を改正する法律の一部改正

　平成二十九年度から令和八年度までの間に介護福祉士の養成施設を卒業した者については、当該卒業した日の属する年度の翌年度の四月一日から五年間、介護福祉士となる資格を有するものとすること。（附則第六条の二第一項関係）

## 第七　その他関係法律について、所要の改正を行うこと。

## 第八　施行期日等

一　施行期日

　この法律は、令和三年四月一日から施行するものとすること。ただし、次の事項は、それぞれに定める日から施行するものとすること。（附則第一条関係）

　　1　第五の一及び第六　公布の日

　　2　第二の二及び第五の二　公布の日から起算して二年を超えない範囲内において政令で定める日

二　検討規定

　政府は、この法律の施行後五年を目途として、この法律による改正後のそれぞれの法律の規定について、その施行の状況等を勘案しつつ検討を加え、必要があると認めるときは、その結果に基づいて所要の措置を講ずるものとすること。（附則第二条関係）

三　経過措置等

　この法律の施行に関し、必要な経過措置を定めるとともに、関係法律について所要の改正を行うものとすること。（附則第三条から第九条まで関係）

■著者紹介

**田中 元**（たなか・はじめ）

昭和37年群馬県出身。介護福祉ジャーナリスト。立教大学法学部卒業。出版社勤務後、雑誌・書籍の編集業務を経てフリーに。主に高齢者の自立・介護等をテーマとした取材、執筆、ラジオ・テレビ出演、講演等の活動を精力的におこなっている。『おはよう21』『ケアマネジャー』（中央法規出版）などに寄稿するほか、著書に『2018年度 改正介護保険のポイントがひと目でわかる本』『《全図解》ケアマネ＆介護リーダーのための「多職種連携」がうまくいくルールとマナー』（ぱる出版）、『スタッフに「辞める!」と言わせない介護現場のマネジメント（第3版）』『［新版］介護の事故・トラブルを防ぐ70のポイント』『認知症で使えるサービス・しくみ・お金のことがわかる本』（自由国民社）、『現場で使えるケアマネ新実務便利帖』（翔泳社）など多数。

介護事業者・関係者必携

# 改正介護保険早わかり

発　行　2020年7月18日　初版第1刷発行

著　者　田中　元
発行者　伊藤　滋
発行所　株式会社自由国民社
　　　　〒171-0033　東京都豊島区高田3-10-11
　　　　TEL　03(6233)0781(営業部)
　　　　TEL　03(6233)0786(編集部)
　　　　https://www.jiyu.co.jp/
印刷所　大日本印刷株式会社
製本所　新風製本株式会社

編集協力・DTP　株式会社ループスプロダクション
本文イラスト　　Kinoko Tagawa
カバーデザイン　吉村朋子